AF463048

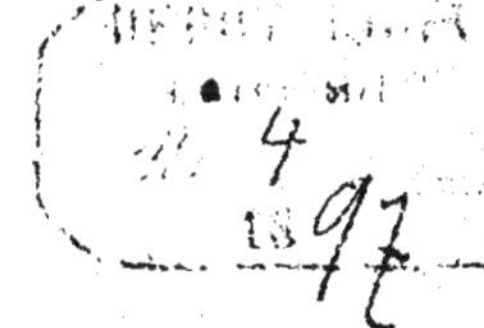

LÉON MAITRE

LES VILLES DISPARUES

DE

LA LOIRE-INFÉRIEURE

IIe VOLUME. — 3e LIVRAISON

VERTOU

AVANT ET APRÈS LE CHRISTIANISME

SAINT MARTIN DE VERTOU

SES CONTEMPORAINS

SES FONDATIONS ET SES BIOGRAPHES

NANTES

IMPRIMERIE ÉMILE GRIMAUD ET FILS

4, Place du Commerce, 4

1897

VERTOU

ANTIQUITÉS PAIENNES ET CHRÉTIENNES

CHAPITRE III

VERTOU

I

Le pays avant le christianisme.

QUAND on parle de Vertou, il est bon d'avertir le lecteur que la commune actuelle, malgré sa vaste étendue, ne nous représente qu'une minime partie du territoire qui porta le nom de *Vertavum* dans les premiers siècles de notre ère. Nous l'avons déjà montré par d'autres exemples, plus une paroisse est grande, et plus sa circonscription est ancienne ; les plus petites, au contraire, nous révèlent, par leur périmètre restreint, qu'elles ont été érigées postérieurement à leurs voisines, à leur détriment, en empruntant une portion de leur territoire : il est arrivé alors que l'église de chacune a été au rang inférieur de succursale, c'est pourquoi elle a eu un ressort limité et proportionné à ses ressources.

En formant le canton de Vertou actuel, on a reconstitué involontairement l'unité domaniale que les Romains avaient fixée dans le cadastre des terres de la rive gauche ; il y a même lieu de croire que les Sorinières (démembrement ré-

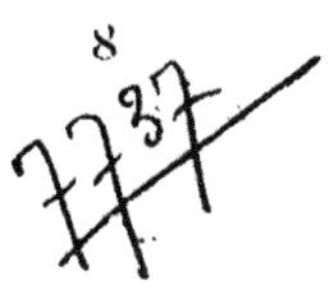

cent de Vertou) et le Pont-Saint-Martin n'étaient pas distincts et séparés. Ce dernier nom n'est pas celtique ; il n'est pas non plus gallo-romain, pas plus que ceux de Saint-Fiacre, de Goulaine, de la Haie-Fouassière, de Château-Thébaud, de Saint-Sébastien [1]. Toutes ces agglomérations insignifiantes à l'époque païenne, n'ont figuré dans les nomenclatures qu'après l'érection de leur église, vers le VIe ou VIIe siècle, au plus tôt, quand le Christianisme en fit des centres religieux. Je ne fais d'exception que pour Saint-Fiacre, appelé Saint-Hilaire-du-Coin avant le XVIIe siècle, à cause de l'invocation de son église qui me semble un vestige de l'apostolat de saint Hilaire, au IVe siècle. Depuis les marais de Goulaine jusqu'au lac de Grandlieu, le fisc ne connaissait qu'une circonscription rurale à l'embouchure de la Sèvre, celle de Vertou.

Dans un temps où les bois et les landes couvraient une superficie considérable, les propriétaires avaient besoin d'une concession étendue pour être en mesure de satisfaire aux exigences de l'impôt foncier. Il suffit de jeter un regard sur la carte topographique ou de parcourir les vieux titres, pour se rendre compte de la physionomie ancienne de Vertou. La forêt de Nantes enveloppait Rezé depuis Le Pellerin ; la forêt de la Meilleraie occupait le Pont-Saint-Martin et les Sorinières jusqu'à la Maillardière ; et la forêt de Touffou couvrait Le Bignon et Château-Thébaud jusqu'à Aigrefeuille. Sur la rive droite de la Sèvre, il est visible, encore aujourd'hui, que nul territoire ne convient mieux à la sylviculture ; il n'y a pas une propriété qui ne soit enveloppée d'un épais manteau de verdure. Interrogez la nomenclature des villages, vous ne verrez partout que l'annonce de bois défrichés, des lieux dits tels que la Brosse, la Bauche, la Foresterie, le Hallay, la Garenne, la Renardière, la Goupillère, l'Ebaupin, l'Epau, les Haies, le Ronceray, le Chêne, la Chesnaie, les Faux, Huche-

[1] Saint-Sébastien est un culte importé du temps des grandes pestes du XIVe siècle dans un bourg plus ancien où il existait une église paroissiale dédiée à un saint inconnu, et citée dans le Pouillé diocésain de 1283.

loup, la Pantière, la Fenestre, le Buisson, les Sepées, le Hallier, etc.

La population très clairsemée d'ailleurs, avait tout intérêt à quitter les bois pour se rapprocher des rivières et des routes, elle était plus sûre d'y trouver des moyens d'existence, des terres cultivables, des communications faciles et des horizons variés. Les avantages que nous recherchons aujourd'hui ont toujours fait l'ambition de notre race. Non seulement l'homme a toujours eu les mêmes besoins, mais encore on peut dire qu'il a toujours été un artiste, même à l'état qu'on est convenu d'appeler barbare ; ses instincts nobles s'accusent par les débris et les monuments qu'il a laissés dans tous les coins du globe, en face des grands spectacles de la nature. Les rives de la mer, les bords des fleuves, les vallées, plantureuses, les lieux accidentés, les sommets élevés étaient pour lui des centres d'attraction. Plus un pays est pittoresque et varié, plus il fournit de récolte aux amis de l'anthropologie, et de l'archéologie, aux chercheurs d'instruments de pierre, de vieilles monnaies et de ruines. Je n'insiste pas de peur de répéter, sans utilité, des vérités devenues banales depuis la publication des découvertes de la science moderne.

La réalité de cette loi historique se constate à Vertou comme ailleurs ; il y a concordance ici entre les beautés naturelles et la multiplicité des curiosités archéologiques. Les constatations sont de fraîche date, et pourtant elles sont abondantes. Que serait-ce, si nous avions le témoignage des âges antérieurs, et si les religieux de Vertou nous avaient légué la relation de tout ce qu'ils ont détruit ou vu détruire sous leurs yeux ! Un seul amateur, M. Marionneau, a pu recueillir une vingtaine de haches de pierre polie sur ce sol[1]. Il existait certainement un nombre proportionné de monuments celtiques, des menhirs ou peulvens, des dolmens et des cromlecks qui ont été renversés et enterrés par les chré-

[1] *Coll. archéol. du canton de Vertou*, p. 9 à 11.

tiens, suivant les ordonnances du concile de Nantes de 658, et même auparavant, sur l'invitation de saint Martin de Vertou[1]. Girault de Saint-Fargeau, dans son *Dictionnaire des communes* de la *Loire-Inférieure*[2], nous laisse croire cependant que, de son temps, on voyait encore debout quelques monuments qu'on n'avait pas pu renverser à cause de leur poids. Il dit en effet, à l'article Vertou : « on trouve dans divers endroits des peulvens d'une grosseur remarquable. » Entre le château de Goulaine et le pont de Louan, on voit d'énormes pierres, semblables à des blocs erratiques, qui gisent couchées dans les champs.

La carrière des *Gros Cailloux*, sise au bord de la grande route de Bordeaux, a peut-être emprunté son nom de grandes tables de pierres dressées en cercle ou en alignements. L'endroit aurait été bien choisi pour y célébrer un culte quelconque, car c'est un des points culminants du bassin de Grand-lieu. Y a-t-on vu les membres épars de divers monuments celtiques ? Il est difficile de le dire aujourd'hui. Je serais plus affirmatif pour les grosses pierres assez plates qui environnent la chapelle de Saint-Martin, en Haute-Goulaine, celles-ci ressemblent bien, par leur couleur et leur grain, à celles qu'employaient les Gaulois, nos pères. Au nombre des monuments non renversés, je ne connais que la Pierre Fite de Basse-Goulaine, qui est énorme et qui faisait partie d'un groupe[3], le menhir de la Salmonnière, ceux de la Haute-Lande et des Lesches.

Auprès du bourg de Vertou, je vois une pièce de terre dite du *Grison* pour rappeler la présence d'un mégalithe rougeâtre, que les cultivateurs ont renversé.

Certaines contrées ont gardé, malgré les défrichements,

[1] « Lapides quos venerantur funditus effodiantur atque in tali loco projiciantur ubi nunquam a cultoribus suis inveniri possint. » Dom Morice, *Hist. de Bretagne, preuves*, I, col. 220.

[2] Voir article Vertou, p. 135.

[3] Témoignage de M. Trémant, propriétaire à Goulaine.

un aspect mystérieux qui impressionne le passant rêveur ; tel est le bocage qui environne l'embouchure de la Moine. Parcourez ce joli coin, frais, ombreux et raviné, vous aurez l'esprit hanté de visions des temps mythologiques, vous chercherez des dryades et des faunes cachés dans le creux des vieux chênes. Le canton des *Butteries*, situé sur Vertou entre la Bassetière et Launay, tire son nom d'un groupe de rochers naturels que les Celtes ont utilisé pour leurs rites pieux, en érigeant debout les parties mobiles et en pratiquant un arrangement régulier.

Sur le territoire de Château-Thébaud, il existait une chapelle de Saint-Martin qui, elle aussi, avait sa ceinture de grosses pierres renversées dont la plupart ont disparu depuis l'ouverture de la route de Saint-Fiacre ; les villages de la Basse-Poterie et des Montils possédaient également de gros blocs qui arrêtaient l'attention des voyageurs.

La superposition des civilisations est encore une de ces lois historiques qui ne souffrent guère d'exception, parce que les raisons qui ont attiré les premiers venus subsistent toujours pour les seconds, et ainsi de suite. D'ailleurs, les conquérants ont plus d'intérêt à se rapprocher des indigènes qu'à s'isoler dans des déserts. Quand donc vous ramasserez sur le sol quelque instrument celtique, vous pourrez dire que les débris de l'époque romaine ne sont pas loin, et *vice-versa*. Dans le bourg de Vertou, on a trouvé deux gisements de ruines, or ces deux endroits sont précisément ceux qui ont été l'objet des préférences des habitants au moyen-âge et dans les temps modernes : la place de l'église et le domaine de Saint-Pierre.

La période romaine a laissé des vestiges indéniables de son passage à Vertou. Quand on a démoli la vieille église romane du XIe siècle, église à une seule nef, très longue et construite en petit appareil, on trouva, parmi les matériaux employés dans les maçonneries de la voûte du transept, un morceau de marbre blanc, fort beau, qui malheureusement n'était pas entier : c'est l'extrémité la plus petite d'une auge qui devait être celle d'un sarcophage précieux, car la sculpture en est très vigoureuse. Le bas-relief représente un griffon d'un dessin et d'une allure très décoratifs, qu'un artiste grec aurait pu signer. Voici ce qu'en dit M. Marionneau qui le premier l'a décrit, puis placé en lieu sûr, et qui est bon juge en cette matière. « C'est une œuvre du IIe ou du IIIe siècle. L'animal a les ailes relevées, les pattes de l'avant-train nerveusement appuyées, l'une sur le sol, l'autre sur le crâne d'un bélier. Le fantastique animal dresse fièrement sa tête d'aigle posée sur un col d'une crinière anguleusement ondulée ; le tout est d'un atticisme de forme et de sentiment très remarquable. »

Il n'est pas douteux que ce fragment ne soit un morceau de sarcophage, sa destination funéraire est bien caractérisée par la présence du griffon, c'est l'image que les anciens aimaient à reproduire comme le gardien né des restes déposés dans les tombeaux et les urnes sépulcrales.

« Sur le retour qui formait la face principale, devait se développer, dit le même auteur, un bas-relief historié de 1m,80 à 2 mètres de longueur. Malheureusement cette importante partie nous manque, l'on ne distingue plus qu'une Pallas, la figure mutilée, dans l'attitude du combat[1]. »

Tel qu'il est, ce fragment a une grande importance au point de vue de notre histoire locale et du tableau de la richesse dans notre pays pendant les premiers siècles de notre ère. Il nous révèle que sur le sommet couronné par le bourg actuel de Vertou, il existait, sous les empereurs Antonins, au moins une famille vivant dans le même luxe que les habitants de la *Province*, et assez riche pour orner son habitation de matériaux rares. Son rang dépassait les dignités ordinaires puisqu'elle ensevelissait ses défunts dans des sarco-

[1] L'original est au musée de Nantes. Voir la planche de phototypie que nous publions.

phages sculptés par des artistes distingués. Avec d'autres débris recueillis, soit dans le jardin du presbytère, soit sur la place voisine, savoir une petite tête de mouton en marbre blanc, pareille à celles qu'on voit aux angles des autels à taurobole, et une feuille d'acanthe également en marbre, on peut conjecturer que la décoration intérieure des salles valait l'ornementation des belles villas de Pompéi[1].

L'état d'émiettement désolant dans lequel nous sont parvenus tous les fragments ci-dessus porte avec lui un enseignement ; on pressent en les regardant, que les monuments païens de Vertou n'ont pas été démolis froidement, que des paysans révoltés contre le fisc romain, au IIIe siècle, ou les envahisseurs saxons du Ve siècle, incapables d'en comprendre la beauté, sont les seuls barbares auxquels on puisse imputer la honte de leur destruction dans un jour de colère farouche. Tout était brisé et dispersé quand les chrétiens vinrent s'établir sur la hauteur de Vertou, autrement les religieux de Vertou auraient agi comme les auteurs des cryptes de Jouarre, de Chartres et du Mans, ils auraient réemployé dans leur monastère les beaux matériaux et jusqu'au sarcophage.

Quelques témoins de la découverte de ces précieux fragments, surpris de leur beauté, ont émis des doutes sur leur antiquité et sur la possibilité de trouver un état de civilisation correspondant à la richesse qu'ils impliquent. Entre les œuvres de la période des Antonins et celles de la Renaissance du XVIe siècle, il y a, en effet, certains traits de ressemblance qui déconcertent les juges superficiels, mais les conditions dans lesquelles les unes et les autres se présentent sont bien différentes. Les dernières n'ayant pas eu à subir de révolution violente sont encore dans la place que leur destinait l'architecte et ont inspiré le respect, tandis que les autres, en traversant les âges, ont éprouvé toutes sortes de modifications qui les ont marquées d'un sceau particulier.

[1]Collection Marionneau, nos 38 et 29.

Aux sceptiques je répondrai simplement : regardez les cryptes et les églises antérieures à l'an mil, les débris conservés dans les musées sous l'étiquette *époque gallo romaine* ; regardez le beau chapiteau en marbre blanc provenant de la cathédrale de Saint-Félix[1] ; visitez l'église de Saint-Philbert de Grandlieu avec son tombeau en marbre gris bleu du IXe siècle, voyez ses fûts de colonne en marbre vert de Campan et ses deux chapiteaux en marbre blanc, extraits d'un édifice païen et réemployés à l'époque romane, vous verrez que les produits de l'art grec trouvaient des admirateurs dans nos campagnes comme à la ville, et que nos ouvriers locaux avaient leur manière spéciale de l'interpréter en sculptant le marbre.

Nos conclusions sont celles-ci : malgré les troubles causés par les invasions, les communications sont toujours demeurées faciles entre la Loire-Inférieure et les meilleures carrières de marbre ; nos ruines attestent que les procédés de construction et de décoration importés par les Romains se sont perpétués jusqu'à l'an mil par les corporations d'ouvriers autant que par les relations commerciales.

L'existence de la villa de Vertou et d'une population sédentaire, groupée autour, se démontrerait encore à l'aide de substructions nombreuses en petit appareil, si nous n'étions pas sur l'emplacement d'un bourg reconstruit plusieurs fois. A leur défaut, je montrerai l'emplacement certain d'une nécropole sur la route de Mendon, à droite, dans le champ nommé le *Grison*, bordé par le chemin de la chaussée à Saint-Fiacre. On sait que les anciens recherchaient les beaux horizons pour déposer les restes de leurs défunts ; or ici nous sommes sur un versant merveilleux, descendant vers la Sèvre, en face du midi. Les briques à rebords qui gisent dans les haies du chemin de traverse, ne sont pas des restes de toitures renversées, car jamais les cultivateurs n'ont signalé

[1] Collections du Musée archéologique de Nantes.

de murs au Grison ; ce sont les débris de tombeaux pareils à ceux qui ont été déterrés à Anetz, ou à Saint-Donatien, et dont l'usage paraît avoir commencé au IIIe siècle, quand les incinérations devinrent facultatives. Du reste, le témoignage de M. Marionneau établit qu'il a vu découvrir, en 1869, un tombeau complet, façonné avec des briques à rebords, sur l'emplacement du Grison.

Au lieu dit Saint-Pierre, on a enterré certainement de la même façon. Un vieux maçon, qui a longtemps travaillé chez M. de Bourry, a vu beaucoup d'ossements placés parmi des briques. Pourquoi en douterions-nous ? Les lois ne s'opposaient pas aux inhumations dans les domaines privés. Ici nous ne sommes plus dans un cimetière public, mais dans un lieu retiré, qui convenait bien à l'assiette d'une villa digne d'un patricien ou d'un riche négociant. Je ne suis pas étonné que dans le cours des terrassements exécutés en 1860, on y ait découvert un bas-relief en marbre blanc[1]. Ce petit monument, haut de 0m,60 et large de 0m,30, devait décorer une stèle funéraire ; il représente une jeune femme, assise sur un escabeau, la tête appuyée sur la main droite et le bras gauche tombant le long du corps, c'est-à-dire dans la posture qui convient à la douleur. Cette sculpture, inférieure à celle du griffon trouvé dans l'église, serait marquée, d'après l'opinion de M. Bulliot, le savant explorateur du mont Beuvray, au coin de l'extrême décadence ; c'est pourquoi M. Marionneau la classe parmi les œuvres du IVe ou du Ve siècle. Cela prouverait alors que le règne du Paganisme s'est prolongé, à Vertou, jusque dans les temps voisins de l'arrivée de saint Martin ; or ce témoignage ne me contrarie pas, puisqu'il concorde avec les renseignements qui nous viennent des documents chrétiens.

La population gallo-romaine n'était pas concentrée dans le bourg ; elle s'était dispersée dans toute la campagne, prin-

[1] Collection Marionneau, n° 37. Voir notre planche de phototypie.

cipalement dans les endroits fertiles, sur les points culminants qui dominent la Sèvre, et sur les déclivités favorables à la culture de la vigne. Beaucoup d'appellations trahissent une origine latine : la Barbinière dérive du domaine de Balbin (*Balbinus*), la Blandinière de Blandin (*Blandinus*). L'Herbrée et la Ramée sont des traductions d'*Arborosa* et de *Ramata*, comme la *Ville-au-Blanc*, la *Ville-Bachelier* et les *Fontenelles* sentent la basse latinité. Mendon, village très heureusement placé, est au contraire un vieux nom celtique comme ceux de Maisdon et Mouzillon[1].

Certains domaines, comme les Thébaudières et l'Angeberdière portent une étiquette mérovingienne ; d'autres comme la Ramée et la Boissière dénoncent leur antiquité par des massifs de buis d'une grosseur peu commune; d'autres encore, comme la Bretonnière, occupent des situations tellement privilégiées, qu'ils n'ont pas pu échapper à l'attention des premiers occupants.

La meilleure preuve que la civilisation latine a conquis la majeure partie de Vertou, c'est qu'on a trouvé des médailles romaines à 4 kilomètres sud du bourg, dans un village très retiré. De la Poëlerie sont sortis plusieurs deniers en bronze parmi lesquels on a reconnu l'effigie de l'empereur Posthume[2].

Le Drouillay et la Salmonnière sont des noms qui ne disent rien à l'archéologue, et pourtant ils ont donné lieu à des constatations précieuses pour ceux qui cherchent les traces des habitations anciennes. Au Drouillay, siège d'un vieux logis, les champs sont pleins de tuiles à rebords qui ne ressemblent en rien aux couvertures usitées depuis longtemps. Le versant est assez joli pour tenter un amateur de grands paysages. A la Salmonnière, la hauteur du plateau est considérable (45 mètres environ), à ses pieds se déroulent les sinuo-

[1] *Mandilonium* pourrait être la racine latine de ces trois noms. Elle est dans le *Cartulaire de S. Jouin de Marnes*.

[2] Collection Marionneau.

sités de la Sèvre sur une longueur de plusieurs lieues, aussi son sol a donné des découvertes dès qu'il a été entre les mains d'un observateur éclairé. Non loin du menhir déjà annoncé, M. Marionneau a trouvé trois hachettes de bronze, un moulin à bras, des poids de terre cuite et des tuiles à rebords[1]. Les champs de la Roberdière et de Belair ont aussi des tuiles de la même provenance. Je ne m'avance donc pas trop en disant que les propriétaires de la Bretonnière, de Launay et de Lébeaupin seraient aussi heureux dans leurs recherches, s'ils suivaient les ouvriers dans les terrassements de leur domaine. La Fremoire est placée à un coude de la rivière, en face du bourg de Vertou et assez haut pour dominer le cours de la Sèvre depuis le Coin jusqu'au Chêne. Ce château est entouré de bois qui doivent cacher quelques ruines de villa, car la situation est encore une des plus riantes de la vallée. Le nom seul me fait rêver à cause de sa ressemblance avec *Fremur* (*fractum murum*), localité d'Anjou qui renferme beaucoup de vestiges gallo-romains[2].

A l'embouchure de la Moine, à gauche comme à droite, les bois sont encore un obstacle aux recherches, mais il est évident que la ferme des Navinaux ou Avenaux remplace un ancien camp retranché soutenu par plusieurs fossés dont les talus subsistent du côté de l'ouest, qui était le point faible.

L'excursion de M. Marionneau dans le pays de Château-Thébaud, si connu des peintres et des amateurs de pittoresque, n'a pas été non plus infructueuse, elle me procure l'occasion de justifier, par le résultat de fouilles méthodiques, les inductions que nous tirons des débris de toiture et des désignations[3]. Pendant la construction de la route qui monte des Placellières au moulin voisin de Pigrel, j'ai moi-même été témoin de découvertes de substructions qui ne laissent

[1] Collection Marionneau, n° 8.

[2] Port, *Dictionnaire historique de l'Anjou*, voir Fremur.

[3] Marionneau, *les Vacances d'un archéologue* (Bull. de la Société archéologique de Nantes 1868, p. 157.)

pas de doutes sur la réalité de l'établissement qui précéda la chapelle érigée sur le mamelon de Saint-Gabriel. Sans parler du nom de l'archange, l'attention est éveillée par la métairie des *Croix*, par les *Grands-Noëlles*, appellation qui ne va jamais sans la présence de démolitions, par les Grandes et Petites *Mazeries*, synonymes de masures. On pressent, à la seule inspection des lieux, que le versant de Saint-Gabriel qui regarde le sud, a été le siège d'une résidence antique[1]. Les haies et les buissons recèlent des murs en petit appareil, maçonnés en bonne chaux et revêtus d'enduits coloriés, des tuyaux et des piliers d'hypocaustes.

L'herbe pousse sur des carrelages en pierre de Tonnerre ou sur des aires battues de ciment dans lequel on a jeté des cailloux multicolores. Sans doute que le riche gallo-romain, qui a bâti la villa, était un négociant et un industriel venu dans le pays pour en exploiter les richesses minéralogiques. La carrière de Pigrel fournit une excellente pierre à bâtir ; l'argile grasse, propre aux tuiles et à la poterie, ne manque pas non plus, il a donc pu construire des ateliers de terre cuite au village des *Poteries*, ainsi qu'aux *Montils*, désignation qui ne va jamais sans la présence de nombreux amas ou *monticules* de scories de fer ou d'argile, comme je le ferai voir aux *Montils-Ferruceaux* (Goulaine) et aux *Montils* de Bazoge (Vallet). La *Fosse Noire*, sur laquelle on raconte des légendes fantastiques, semble être aussi la cavité d'une carrière abandonnée et devenue ensuite inexplicable pour les jeunes générations. Les expéditions de produits fabriqués se faisaient au moyen d'un chemin pavé qui reliait Saint-Fiacre à la route de Bordeaux par les lieux dits la *Chaussée* et la *vieille Chaussée*, localités où l'on a trouvé des débris et des substructions antiques, dans le champ de la Croix et à 300 mètres du village, en traçant le chemin d'Aigrefeuille. La Turmelière, les Placellières et

[1] On a recueilli, comme dans toutes les stations anciennes, des morceaux d'amphores, de coupes et de plats en terre rouge et noire, très fine.

la Bourdinière auraient donné lieu à des découvertes identiques sans doute, si les reconstructions avaient été bien surveillées. J'espère donc que le succès de M. Marionneau servira de leçon et d'exemple aux propriétaires qui habitent les situations avantageuses du canton, et que notre liste de villas s'allongera dans le cours des âges. Quelle que soit l'indifférence des cultivateurs, les terres habitées ne perdent jamais la trace des constructions renversées, elles gardent une couleur spéciale sur laquelle ressortent en relief les miettes du passé. Nous aurons l'occasion de mettre cette vérité en pleine lumière dans la livraison où nous décrirons les rives et les villas disparues du bassin de Goulaine.

II

Les abbayes et les religieux à l'époque Mérovingienne.

Lorsque les habitants de Nantes veulent faire une promenade agréable, ils s'embarquent à l'embouchure de la Sèvre, au ponton de Pont-Rousseau, et remontent la rivière jusqu'au pied du coteau qui sert de piédestal à l'église de Vertou pour admirer de vastes prairies, à droite et à gauche des villages bâtis en amphithéâtre, des maisons de campagne enveloppées d'arbres séculaires ou décorées de massifs de fleurs et d'arbustes odorants. Beaucoup moins abrupte en aval qu'à la Haie-Fouassière et à Clisson, la vallée se prête mieux aux arrangements décoratifs, aux développements gracieux des plans inclinés, aux superpositions de terrasses et au tracé des sentiers serpentants jusqu'au bord de l'eau. A travers un paysage qui n'est jamais monotone, la rivière a creusé son lit en décrivant des sinuosités qui, dans leurs brusques détours, ménagent des surprises variées aux amateurs de navigation.

Pour l'observateur placé au sommet du bourg ou sur les versants du sud et de l'ouest, le spectacle est non moins enchanteur. Devant ses yeux la nature déroule, au nord et au sud, un vaste décor où paraissent des champs, des vergers, des taillis, des futaies, des prairies dont la succession est interrompue, çà et là, par quelques hauteurs non moins fertiles que les pentes. En un mot, aucune région ne paraît plus capable de nourrir ses habitants.

Il y a quatorze siècles, l'aspect du pays n'était guère moins séduisant, car nous avons vu dans le chapitre précédent que les Méridionaux travaillaient depuis longtemps au défrichement des bois. La population, sans être aussi pressée qu'aujourd'hui, n'était pas trop clairsemée, elle ne vivait pas non plus dans la barbarie puisqu'elle avait sous les yeux le spectacle de la civilisation raffinée de Rezé[1].

Les intelligences étaient cultivées jusqu'à un certain point, autrement on ne comprendrait pas que les communautés religieuses, où la vie était austère, se soient peuplées aussi rapidement que le disent les hagiographes[2]. On répand une erreur quand on représente Vertou comme un désert et saint Martin comme un solitaire. Cet apôtre a recherché les bords de la Sèvre parce qu'il était sûr d'y trouver des païens à convertir, des récoltes assurées et des horizons capables d'incliner les âmes pieuses vers les douceurs de la vie contemplative.

Il y a longtemps que Montalembert en a fait la remarque dans ses *Moines d'Occident :* quand il y a un joli site dans une contrée, on peut être sûr d'avance qu'il renferme les ruines d'une abbaye. Les religieux n'avaient pas plus mauvais goût que les Romains ; ils savaient reconnaître les bons terrains, les emplacements bien exposés aux rayons du soleil, les aspects riants et variés, le point où le paysage déroulait ses

[1] V. Léon-Maître, *Les villes disparues de la Loire-Inférieure*. Rezé, 1re livraison du tome II.

[2] « Postquam ergo tam multitudine prædiorum quam etiam virorum ad se confluentium practice compulsus est vivere.... cœnobium ædificavit ». Bollandistes, *Acta SS., octobri*, X, p. 800.

décors les plus pompeux. Il y a dans le bourg de Vertou deux belles positions : l'une au sommet du coteau, pareille à un observatoire splendide, d'où l'œil embrasse vers le sud toute la vallée qu'arrose la Sèvre depuis le Chêne jusqu'à Saint-Fiacre, Château-Thébaud, la Haie-Fouassière, et d'où il compte les clochers, les châteaux, les villages et les maisons de campagne qui se détachent dans la verdure ou émergent à l'horizon : c'est là que saint Martin fonda le monastère de Saint-Jean-Baptiste.

L'autre emplacement, moins élevé, est situé aux approches de la rivière, sur une terrasse terminant la croupe du dos d'âne qui porte le bourg, dans un coin abrité contre les vents d'un côté par la hauteur de Mottecheix, de l'autre par un énorme mamelon qui se dresse subitement sur la rive opposée. C'est là qu'était le second monastère dédié à saint Pierre, remplacé aujourd'hui par une délicieuse maison de campagne. De là, on domine au premier plan ce qu'on pourrait appeler le port de Vertou[1], son petit bassin orné d'îlots, le village du Chêne, celui de la Chaussée, et brochant surtout ce tableau une courbe brusque de la rivière qui a plus de 400 mètres de longueur.

Regardez maintenant du côté de l'est : le coteau de Vertou se dessine à l'œil comme un long promontoire dont le pied est baigné par un vaste étang, de telle sorte que l'assiette générale du bourg ressemble à un plateau défendu naturellement sur trois côtés. Il eût été facile de s'y retrancher, si on avait voulu en faire une place forte. On voit que saint Martin avait tout prévu dans le choix de son premier établissement.

Sous le rapport des voies de communication, les religieux de Vertou n'étaient pas moins favorisés. Leur abbaye était placée entre la chaussée romaine de Nantes à Poitiers qui passe où est la gare du chemin de fer, à 2 kilomètres de leur clocher, et d'autre part, ils n'étaient qu'à une petite lieue de

[1] Il n'y a pas longtemps qu'on y construisait des bateaux de 200 et 300 tonneaux pour le cabotage des côtes.

la route de Bordeaux qui passe aux Sorinières et au Gros-Caillou, deux points faciles à atteindre soit par le barrage de Saint-Pierre, soit par Portillon et le chemin des Pégers. La route de l'Anjou était tracée par les villages de la Massonnerie, de la Vairie par le Pont de Louan et Barbechat.

Mais le moyen de transport le plus pratique et le plus rapide était la navigation que leur offrait la proximité de la rivière, avec son cours mobile qui tantôt les portait en aval ou en amont suivant les époques, et leur permettait de visiter les populations des alentours ou de descendre vers l'embouchure qui n'est pas à plus de deux lieues de l'église. La Sèvre est dans le bassin de la Loire maritime, c'est-à-dire que ses eaux refoulées ou emportées par le va-et-vient de la marée jusqu'à deux mètres de hauteur placent Vertou dans une situation aussi avantageuse que les ports de Rezé et de Nantes. Aujourd'hui, la chaussée surélevée de Saint-Pierre de Vertou est une barrière souvent insubmersible entre la partie fluviale et la partie maritime, mais, sous l'ancien régime, les conduits ouverts çà et là dans la maçonnerie, laissaient passer le flot, de sorte que la marée se faisait sentir jusque dans la Moine, à Château-Thébaud et à Monnières sur Sèvre[1]. Cette mobilité des eaux ajoutait encore de nouveaux charmes aux agréments de la vallée, car après avoir été témoins du gonflement des ondes, les riverains assistaient ensuite à leur retour vers l'Océan, et voyaient réapparaître les hauts fonds qui leur servaient de passage aux gués du Chêne, de Portillon, de la Ville-Bachelier et de la Ramée.

Les bateaux de transports destinés aux approvisionnements pouvaient arriver sans effort jusqu'au pied de l'abbaye, ou gagner la vallée de la Loire pour descendre vers la mer. Nos religieux auront recours à des bateaux pour fuir avec leurs trésors vers le pays haut de l'Anjou, quand les Barbares du IXe siècle viendront troubler la sécurité.

[1] Le seigneur du Palais prétendait en 1245, avoir le droit de faire passer en franchise des barges et des nacelles à travers la chaussée des moulins « jus nostrum habendi in dicta calciata viam et transitum liberum. » (Dom Morice, *Preuves* 1,925.)

L'emplacement du bourg de Vertou avait donc le double avantage de se présenter comme une fraîche oasis, éloignée du bruit des villes commerçantes, et d'être néanmoins à proximité de toutes les artères qui entretenaient la vie matérielle dans le pays poitevin. Ce sont évidemment les raisons qui lui ont valu les préférences de l'apôtre nantais, le jour où il passa la Loire avec le dessein bien arrêté de fonder un centre d'activité religieuse et une école de missionnaires prêts à courir dans tous les sens contre l'ennemi de l'Evangile.

L'œuvre de propagande entreprise par saint Martin a réussi, c'est elle qui a porté au loin le renom de Vertou parce qu'elle remplit tout entières les premières pages des annales de cette paroisse et qu'elle a laissé des traces ineffaçables dans l'esprit de la population. Avant lui, le christianisme est passé comme une traînée lumineuse sur le ciel sombre de Vertou, tandis qu'après lui la foi nouvelle n'a plus subi d'éclipse. Grâce à son zèle apostolique, l'histoire des rives de la Sèvre commence dès le règne des fils de Clovis.

Le fait est si vrai que nous ne saurions rien sur cette jolie paroisse, si pleine d'attraits, si le pieux ermite ne l'avait pas choisie pour le lieu de sa retraite. La construction de ses abbayes, les vocables des saints qu'il a choisis pour patrons, ses pérégrinations chez les infidèles, sa mort, la translation de ses reliques ont donné lieu à des récits qui sont des monuments littéraires, des documents historiques d'où nous tirons des éclaircissements sur l'état de la propriété et de la richesse, sur les mœurs, et le développement de l'art dans notre région, surtout quand nous rapprochons tous ces témoignages écrits de l'observation des ruines.

Il est incontestable que le monastère de Vertou était en pleine prospérité dès la première moitié du VIIe siècle; il avait une dotation de biens fonds si amplement constituée qu'elle tenta la cupidité du roi Dagobert Ier (631-638). Ce prince ne se contenta pas de jeter des yeux d'envie sur le patrimoine des religieux, il alla jusqu'à la spoliation. Nous possédons jusqu'au nom de l'officier qu'il envoya dans l'abbaye pour faire le recensement des biens composant la mense, il s'appelait *Centulfus*. Celui-ci pour obéir aux ordres de son maître, fit deux parts et en annexa une au fisc royal[1].

Malgré cet appauvrissement, nous allons voir que les disciples de saint Martin trouvèrent encore assez de ressources pour édifier et orner une église très convenable.

Il nous est difficile de parler du plan lui-même de la construction autrement qu'en émettant des conjectures ; il n'a pas été fait d'observations sur les substructions qui furent découvertes au moment de la démolition de l'église romane. C'est une omission fâcheuse que commettent trop souvent nos architectes, qui s'est produite malheureusement à Saint-Donatien comme à Vertou. Grâce à la prévoyance de M. Bougouin, l'architecte qui a attaché son nom à tant d'œuvres originales dans notre diocèse, des précautions ont été prises pendant le déblaiement de Saint-Similien, l'une des plus anciennes paroisses de Nantes, sinon la plus vieille, et nous avons pu voir, sous l'église du XVe siècle, les fondations d'un édifice antérieur, construit dans le même temps que l'abbaye de Vertou ; or cet édifice en petit appareil figurait un rectangle allongé, terminé à l'est par un cul de four[2]. La chapelle Saint-Etienne de Nantes affecte aussi la même forme sans aucune apparence de transept. Le plus ancien édifice de la Loire-Inférieure auquel on ait appliqué la forme de la croix latine est l'église de Saint-Philbert de Grandlieu, bâtie par l'abbé Hilbold vers 830[3]. Il est donc assez probable que la première église de Vertou fut semblable à celle de Saint-Similien.

[1] « Cœpit facultates sanctorum locorum inquirere et medias tabulis fiscorum regalium inscribere. Quod exsequens, similia cum tacturus Vertavum venisset, ubi nobilia habebantur prædia, mediam eorum partem fisco addidit et mediam fratribus reliquit » *Vita Sancti Martini* (apud Acta sanctorum octobri, X, 811).

[2] Nous avons pu fixer la date par la masse de sarcophages mérovingiens qui étaient rangés dans l'intérieur et autour du monument.

[3] Voir notre étude critique sur l'âge de cette église. *Rapport au Ministère de l'Instruction publique.* (Bulletin archéologique du Comité des Travaux historiques de 1896.)

Elle était de petite dimension et ses ouvertures en plein cintre étaient façonnées au moyen de claveaux qu'on a retrouvés dans les démolitions de 1850, heureuse circonstance qui nous permet de disserter sur les procédés employés par les religieux dans leurs constructions mérovingiennes. Le goût s'était modifié au Xe siècle, quand on releva l'édifice renversé par les Normands; les matériaux primitifs devinrent de vulgaires moëllons dans la reconstruction romane, et ils nous sont arrivés empâtés de mortier mais très reconnaissables.

Je ne surprendrai personne en disant que les principes d'architecture et de décoration des écoles grecques ou romaines conservaient toute leur vogue au sixième siècle dans la Basse-Loire, et inspiraient toujours les sculpteurs chargés de décorer nos églises. La croix apparaît bien dans les chapiteaux de la cathédrale de Saint-Félix, mais elle est réduite à de très petites proportions, dissimulée dans un cercle au sommet de la corbeille qui est toute entière de feuilles d'acanthe comme les chapiteaux corinthiens. L'empreinte du christianisme est encore moins sensible sur nos chapiteaux de Vertou; on remarque seulement sur leurs corbeilles une rosace à six feuilles qui paraît une conception dérivée de la croix à six branches que forme le X combiné avec le P grec[1].

Nous en possédons trois plus ou moins mutilés, en calcaire. M. de Caumont, en visitant notre Musée, ne manqua pas de les regarder et en demanda un dessin parce qu'il les considérait comme des monuments d'une insigne rareté. A son avis, ces chapiteaux sont d'une époque très reculée et doivent se rattacher, dit-il, à la fondation de saint Martin à Vertou[2]. Puisqu'ils ne sont pas romains, ils proviennent néces-

[1] Voir la planche publiée au début de cette notice.

[2] Congrès archéologique de 1856, pp. 103 et 105. M. Marionneau en a donné de bons dessins dans sa *Collection archéologique du canton de Vertou*. Nantes, 1877.

sairement de la construction élevée à la fin du VIe siècle[1], et font partie d'un système de décoration dans lequel la brique couvrait de grandes surfaces. En 1830, les démolitions ont amené au jour des fragments d'ornements en terre cuite provenant des frises, des archivoltes et de la toiture qui n'étaient pas tellement détériorés qu'on ne put y distinguer les traits de leurs empreintes. Quand la brique est bien cuite, elle est pour ainsi dire indestructible.

Les uns représentaient un quatrefeuilles inscrit dans un cercle, des festons terminés par une pomme de pin, d'autres des palmettes petites et grandes, d'autres se présentaient en forme de lozanges, de petits cubes carrés, de corbelets, de tuiles faîtières, avec crête découpée, qui devaient former sur le ciel une silhouette ajourée comme les toitures de certains chalets modernes.

Les morceaux qui firent le plus d'impression sur les témoins furent des briques historiées, très épaisses, de vingt centimètres carrés, qui portaient des signes ayant un caractère nettement chrétien, et dont le dessin était visiblement inspiré par la lecture de la Bible. On peut les examiner maintenant et les étudier dans notre musée archéologique.

Ces briques représentent en relief tantôt Adam et Ève en face du pommier funeste du Paradis terrestre, tantôt une croix à branches égales, disposées en éventail dans un cercle, ou bien une croix à six branches inscrite dans un cercle et obtenue, comme le monogramme de Constantin, en combinant le X avec le P grecs. Aux branches latérales sont suspendus l'alpha et l'oméga. D'autres briques étaient sigillées, dit M. Marionneau, au moyen d'un poinçon portant une petite croix inscrite dans un cercle denticulé, et dont le dessin se compose de six empreintes disposées longitudinalement avec des lignes de cercles et de chevrons[2].

Après les sarcophages en marbre de la Provence, il n'y a

[1] Saint Félix l'inspirateur et le maître de saint Martin est mort en 583.

[2] *Collection archéologique du canton de Vertou.*

pas de monuments plastiques plus vénérables dans la série de l'iconographie religieuse. D'après Viollet-Leduc, le dessin de nos briques de Vertou serait l'imitation du type le plus ancien employé dans l'ornementation de nos églises. Cette appréciation un peu vague a besoin d'être précisée, car si ces précieux débris d'un art disparu et peu connu peuvent être datés d'une façon exacte, ils serviront à fixer l'âge des paroisses ou des monuments dans les lieux où ils se rencontreront.

Pour notre démonstration, il est d'abord utile de consigner ici le nom des autres paroisses du diocèse de Nantes où des ornements analogues ont été découverts. Rezé, cité gallo-romaine où il existait une église dédiée à saint Martin, et qui touche le territoire de Vertou, a envoyé au Musée une brique d'Adam et d'Ève pareille aux précédentes[1].

Les propriétaires qui ont fouillé le sol de Saint-Martin de Couëron ont trouvé, à chaque fois, des briques historiées marquées d'Adam et Ève et de la croix à six branches[2].

A Haute-Goulaine, M. le curé a vu des briques historiées entre les mains des ouvriers qui renversaient son église.

Le mur méridional du clocher de Maisdon contenait, en 1866, une brique du même dessin encastrée dans sa maçonnerie[3]. Enfin, en assistant à la démolition de l'église de Saint-Fiacre, en 1894, M. Marionneau a ramassé dans les décombres une brique presque entière qui portait également la figure de la croix à six branches.

Nous aurions sans doute bien d'autres exemples de l'emploi de cette décoration à citer, si, dans les nombreuses localités placées dans la dépendance de Vertou ou de Saint-Jouin, sa sœur, nous avions eu des chercheurs éclairés et

[1] Collections du Musée de Nantes, dépôt de 1850.

[2] Voir les collections de M. Soliman et de l'Instituteur de Couëron *Rapport de M. Marionneau sur les familles de la chapelle Saint-Martin de Couëron* (Bulletin de la société archéologique de Nantes, t. v, p. 75.

[3] *Rapport du même auteur* (*Ibidem.*) t. VIII p, 160.

zélés. Dans tous les cas, je tiens à faire remarquer que, par une coïncidence singulière, les découvertes de briques historiées n'ont eu lieu que dans des paroisses évangélisées par saint Martin de Vertou. Rezé, Haute-Goulaine, Couëron, Maisdon, Saint-Fiacre sont des paroisses qui ont été certainement englobées dans le cercle de son apostolat[1].

Quelles sont les exceptions qu'on pourrait citer? Je n'en connais que deux : ce sont les découvertes faites à Saint-Similien de Nantes et à la collégiale de Notre-Dame ; il ne me déplaît pas de les citer parce qu'elles s'éloignent peu du théâtre d'action de notre saint ni des lieux qu'il aimait à fréquenter[2]. Les briques historiées qu'on a déterrées ailleurs, par exemple en Anjou, ont une physionomie absolument différente des nôtres.

La conclusion que j'en tire au point de vue de l'art mérovingien est celle-ci : cette coïncidence ne peut être fortuite, elle doit être la conséquence d'un plan arrêté d'avance dans les conseils de l'abbaye. Les communautés religieuses étaient des foyers d'activité universelle où tous les corps de métier étaient réunis. Il est à présumer que les religieux, qui étaient souvent d'excellents architectes et de bons dessinateurs, se sont emparés du procédé romain de la décoration sur terre cuite, et l'ont fait servir à la diffusion des emblèmes chrétiens, en fabriquant des matrices de leur conception. Ils n'ont pas rompu cependant avec des habitudes profanes, ils ont employé les vieux clichés parce qu'ils savaient que les révolutions dans le monde des arts, comme dans la politique, s'opèrent lentement et par degrés.

[1] Cette opinion est développée au chapitre suivant.

[2] Les briques historiées de Notre-Dame de Nantes nous sont révélées par hasard par la relation d'un voyageur à Nantes en 1636 « il y a aussi, dit-il, sur une porte muraillée en la paroy australe de l'église par dehors des *croix* taillées *et effigies en demy relief moulées, de couleur rouge*, en pierre cuite qui est la représentation d'Adam et Eve fort antique ». Dubuisson-Aubenay, *Itinéraire de Bretagne*, p. 107 (Ms de la Bibl. Nat., fr. 4375). Saint Martin de Vertou étant parti de Nantes, il est à croire qu'il y revenait souvent.

L'entreprise était raisonnable puisqu'elle habituait les fidèles à la connaissance des emblèmes de la nouvelle religion en leur enseignant le moyen de tirer un parti décoratif de l'instrument même de la Rédemption du genre humain. L'effigie d'Adam et d'Ève alternait avec les croix pattées ou le monogramme Constantinien, elles revenaient fréquemment à l'intérieur de l'église de Vertou, car un amateur, à lui seul, a recueilli 12 empreintes chrétiennes : c'est là une preuve évidente de l'abondance de ces types dans l'ornementation générale.

Je n'irai pas jusqu'à soutenir que partout où on trouvera des briques historiées à l'effigie d'Adam et d'Ève ou marquées du monogramme de Constantin, on aura la preuve du séjour de saint Martin de Vertou ; ce serait une conclusion téméraire peut-être, car son procédé a pu trouver des imitateurs, mais je suis très disposé à croire que l'abbaye de Vertou a été une école d'art et d'industrie très florissante par suite des circonstances où elle est née.

Au VIe siècle, le Paganisme régnait encore dans la plus grande partie des campagnes, comme le prouvent les paroles adressées par l'évêque Félix à son diacre Martin[1] et certains canons du concile de Nantes de 658. Il s'agissait donc de convertir des infidèles et de fonder des chrétientés durables en bâtissant des temples qui ne fussent pas trop au-dessous des édifices païens, ni indignes du Dieu nouveau dont les missionnaires de Vertou annonçaient l'avènement.

Les religieux qui ont accompagné saint Martin ou qui ont continué son apostolat dans le cours du VIIe siècle, comme à la fin du sixième, ont eu tout à créer, même dans les localités où la voix de saint Hiliaire avait retenti, car il est avéré que les troubles du cinquième siècle réunis aux luttes des Ariens ont jeté le désarroi dans les établissements an-

[1] « Vocato Martino diacono suo : Vides, inquit, quod nostris adhuc temporibus humani generis hostis dominetur antiquus ». (*Acta SS.*, Bollandistes, octobri mense, X, 803.)

térieurs. Ouvrez l'histoire ecclésiastique du Poitou de dom Chamard, vous y verrez des paroles de découragement comme celles ci : « Pendant toute la période du Ve siècle, l'histoire ecclésiastique du Poitou est réduite à une simple nomenclature d'évêques dont les noms sont arrivés jusqu'à nous sous une forme plus ou moins défigurée » (p. 26) ; et ailleurs : « notre histoire se résume dans les légendes monastiques ». Le VIe siècle est réellement le point de départ du développement du Christianisme dans les campagnes du diocèse de Nantes, et le moment où l'archéologie peut se permettre de dogmatiser avec quelque certitude.

Nos briques historiées, par leur physionomie, correspondent bien aux données de l'histoire générale. Si elles étaient plus vieilles que le VIe siècle, elles porteraient le cachet d'un style bien différent. Précisons.

Le problème se renferme dans le dilemme suivant : elles sont contemporaines de saint Hilaire de Poitiers ou de saint Martin de Vertou, ce sont les seules époques de rénovation chrétienne dont nos hagiographes et nos chroniqueurs aient gardé le souvenir ; or, il n'y a pas de similitude entre les produits de ces deux âges. Sous l'épiscopat de saint Hilaire, les arts manuels continuaient les anciens procédés et enfantaient des œuvres pareilles aux objets fabriqués dans les colonies romaines : l'habileté des ouvriers s'est révélée à Nantes dans les sujets païens et profanes qui sont sortis des démolitions de Saint-Similien, église rebâtie au VIe siècle sur l'emplacement d'une autre plus ancienne ; et d'autre part on a été frappé de l'infériorité des matrices chrétiennes au point de vue du dessin et de la confection de la terre cuite.

J'en ai conclu que ces dernières, pareilles aux briques de Vertou, étaient des ateliers mérovingiens, et je persiste dans ma conviction qui est celle de tous les connaisseurs[1].

[1] *Rapports sur les déblais de l'église Saint-Similien.* (Bulletin archéologique du Comité des travaux historiques,) 1896.

Ceux qui ont étudié les antiquités chrétiennes dans le dictionnaire de l'abbé Martigny essaieront sans doute de nous contredire parce que les fouilles ont donné des résultats différents dans le midi. Cet auteur enseigne en effet que le monogramme du Christ cessa d'être usité au VIe siècle. « Dès le début du Ve siècle, dit-il, la croix latine ou grecque se substitue au monogramme, de telle sorte qu'après 405, il s'éclipse presque complètement, *du moins à Rome.* » Plus loin, il reconnaît pourtant que le monogramme fut remis en honneur *sous Charlemagne*[1]. Voilà des restrictions qui nous plaisent. L'histoire de l'art en Gaule n'a jamais été réglée d'après des principes uniformes, à quelque époque qu'on se place ; dans tous les cas, le Poitou et l'Armorique ne se sont jamais flattés d'adopter immédiatement les types que leur envoyait le midi ou le nord. A l'époque des cathédrales romanes et gothiques, les architectes bretons étaient de cent ans en retard sur leurs confrères de l'Ile-de-France.

Les constatations faites en Italie par les archéologues, grecs ou latins, ne peuvent donc pas nous être utiles à nous, placés très loin de la métropole romaine, pour dater les monuments de l'Armorique. Mais on ne se trompera certainement pas en affirmant qu'il a fallu de longues années pour implanter des principes chrétiens dans les habitudes des ateliers généralement peuplés de païens, ou pour fonder de nouvelles écoles d'iconographie en concurrence avec les anciennes. Ce ne sont pas les évêques ni les abbés du quatrième siècle qui auraient été, du moins en Gaule, en situation de se préoccuper de ces moyens de propagande, quand ils avaient tant d'ennemis à combattre et tant d'édifices profanes prêts à les recevoir.

Au monastère de Saint-Pierre, les constructions étaient pareilles à celle de l'abbaye de Saint-Jean ; c'est un fait vraisemblable, puisque les deux établissements furent fondés

[1] *Dictionnaire des Antiquités chrétiennes,* pp. 478, 479.

dans le même temps. Nous n'aurions pas de doutes à émettre, si les propriétaires successifs de l'emplacement qui ont fait disparaître les murs peu à peu et sans bruit, n'avaient pas enfoui leurs débris intéressants. Quand je suis arrivé dans le pays en 1870, il ne restait que le pignon d'une reconstruction du XVe siècle environné de ruines que nous nous sommes empressés de remuer M. Marionneau et moi. Mon compagnon très clairvoyant, pendant que je notais les apparences d'une maçonnerie faite de grosses briques et de moëllons de tuffeau, a ramassé des fragments de guirlande réprésentant des festons décorés de pommes de pin. Cette frange de terre cuite très simple est d'un dessin trop élémentaire, dit-il, pour être de l'art gallo-romain ; c'est encore un produit mérovingien.

Quoique décorée avec recherche, l'église de Saint-Jean-de Vertou ne répondait pas à l'idéal des religieux contemporains de Charlemagne, elle était peut-être trop petite pour la population qui venait se grouper autour du monastère. Le second biographe de saint Martin de Vertou rapporte qu'ils la jetèrent par terre et amassèrent des matériaux coûteux pour construire un édifice plus élégant que le premier. Ils avaient des projets d'ornementation somptueuse car la couverture devait être en métal. Notre auteur en a été informé par la découverte d'une grande quantité de plomb que les moines avaient enterrée au moment de la panique causée par les Normands, et que les événements les empêchèrent d'utiliser. Leur construction a été seulement commencée, dit-il, mais ce qui en reste accuse une conception grandiose[1]. Elle a été montée à 3 brasses au-dessus du sol dans le pignon de l'ouest.

M. l'abbé Cormerais désolé sans doute de ne pouvoir con-

« Antiquam ecclesiam ipsi everterant et majoris venustatis instaurare disposuerant quod oculis hodieque conspici licet. Nam idem opus tribus a pavimento ulnis porrectum, nobilitatis et potentiæ eorum qui ædificare cæperant, testimonio est ». *Acta sanctorum*, *octobri*, X pp. 814.

server ces précieux vestiges de l'art carolingien voulut du moins qu'ils fussent imités dans la réfection du pignon de la nouvelle façade, c'est pourquoi, dans l'édition illustrée de la vie de saint Martin de Vertou, l'une des planches nous représente un mur appareillé en feuille de fougères.

Ne nous y trompons pas, ce pignon de façade est une restauration de 1850, faite à l'instar d'un mur du IXe siècle qu'il fallut renverser, c'est la réédition d'un travail carolingien.

Le témoin qui nous transmet l'expression de son admiration, n'aurait pas parlé ainsi, s'il n'avait pas été ébloui par le choix, la taille et l'arrangement des matériaux. La solidité était aussi une des qualités du travail carolingien, car pendant les démolitions de 1850, le curé de Vertou fut à son tour stupéfait de ce qu'il aperçut dans les décombres. « Les murs que l'on vient de démolir, dit-il, est le petit appareil en feuilles de fougères et en écailles imbriquées » [1].

Ainsi l'édifice qu'on nous représentait comme un spécimen exclusif de l'art roman se composait de parties antérieures qu'on utilisa au Xe siècle et qui auraient pu causer des méprises, si le texte du biographe de saint Martin n'était pas venu nous avertir[2]. Quand bien même tous les documents précédents nous feraient défaut, nous aurions encore la ressource de signaler les nombreux monuments funéraires que les générations antérieures à l'an Mil ont laissés sous le sol de Vertou. Nos cimetières ont été tellement remués depuis 100 ans qu'il n'est plus possible de se tromper sur la matière et la forme adoptée à chaque époque pour la confection des sarcophages, même quand le mobilier funéraire est nul. Nos gisements de calcaire coquillier et d'ardoise ont

[1] Marionneau, *Collection archéologique*, p. 18.

[2] L'église démolie en 1879 se composait d'une seule nef très longue, terminée par un mur droit qui remplaçait un cul de four. L'arc de triomphe et les arcades latérales du transept étaient en plein cintre. Les chapiteaux simples à feuilles d'eau reposaient sur des colonnes engagées.

Verger, *Notes sur les communes de l'arr. de Nantes* (Bibl. mun. de Nantes, mss.)

été exploités en grand, dès le VIe siècle, pour les besoins des inhumations ; ils se prêtaient à un débit facile et fournissaient des coffres d'un prix modéré[1]. C'est pourquoi tous nos vieux bourgs étaient pavés de tombeaux de pierre, pressés les uns contre les autres, qui parurent au jour quand les cimetières furent supprimés et déblayés. Ceux de Vertou se montrèren pendant les nivellements de 1849.

A la séance de la société archéologique de novembre, on vint annoncer que des auges de pierre blanche et de calcaire coquillier étaient visibles autour de l'église. Le couvercle de l'une d'elles portait une croix gravée en creux[2]. Un autre jour, sous la base du clocher roman, on découvrit un sarcophage très solide qui était recouvert d'une grande ardoise, association de matériaux qui fut constatée aussi dans le cimetière de Saint-Similien et ailleurs. Il y a d'autres indices que le cimetière s'étendait aussi vers le nord. En creusant sa cave, M. Bouchaud a déterré plusieurs auges de pierre calcaire, et en a vu quelques-unes qui se dérobent sous la rue voisine.

Le champ du Grand-Grison sur la route de Portillon, dont j'ai parlé à l'époque romaine, servit encore certainement de lieu de sépulture aux temps mérovingiens, après la fondation de l'abbaye, et il faut croire que les tombeaux y étaient pressés, nombreux et à plusieurs couches, car les cultivateurs, qui labourent le terrain et jardinent sur cet emplacement depuis des siècles, n'avaient pas tout brisé en 1890. J'ai vu sortir de là des morceaux d'auges de calcaire coquillier comme M. Marionneau en avait vu en calcaire dur du Poitou, découvertes sous ses yeux par le jardinier Chouamet dans le *Clos des Rochettes*, autre versant voisin du Grison. L'âge de ces sépultures est bien caractérisé par les objets mobiliers qui en sont sortis. On cite une boucle et un

[1] La grande carrière de calcaire utilisée par les habitants de Vertou a été exploitée aux Cléons en Haute-Goulaine.

[2] *Bulletin de la Soc. archéol.* 1861, p. 380.

scramasax en fer, des épingles, des aiguilles, un anneau, une agrafe et une bague de bronze[1]

Par les renseignements que j'ai recueillis sur la propriété Pichot, comme par l'observation des lieux, je présume que ce cimetière avait pour périmètre les quatre chemins qui délimitent encore aujourd'hui le Grison et s'étendait même jusqu'à la route nouvelle du Bourg au Chêne.

A Saint-Pierre, les inhumations n'ont pas été moins nombreuses depuis le sixième siècle jusqu'aux temps modernes. Tous les terrassiers employés sur ce domaine assurent que les taillis sont un manteau de respect qu'on a voulu jeter sur les sépultures, de peur que les jardiniers ne fussent exposés tous les jours à des violations. J'ai vu du auges de calcaire pareilles à celles du Grison quand j'ai remué les couches inférieures des décombres qui recouvraient la vieille église ensevelie. L'ardoise était employée simultanément comme on peut s'en convaincre en examinant l'épitaphe suivante gravée sur un morceau de schiste noir[2].

OBSECRO UT NULLA
MANUS VIOLET PIA JURA
SEPULCHRI DONEC PERSONET
ANGELICA VOX AB ARCHE
COELI. HIC REQUIESCIT BONE
MEMORIE........

Les lettres sont liées et enchevêtrées les unes dans les autres, les O sont en losange, les C, les G et les S sont de forme carrée. Les épigraphistes et les antiquaires les plus experts, qui en ont pris connaissance, déclarent que ces caractères sont ceux du IXe siècle ou du Xe. Cette appréciation

[1] Marionneau, *Coll. archéol. du canton de Vertou*, p. 24 et 35.

[2] M. Marionneau en publiant cette inscription s'est entouré de tous les renseignements capables de l'éclairer. *Bull. de la Soc. archéologique*, 1876, p. 338.

est confirmée par la rédaction de l'épitaphe où la crainte des Normands et de leurs profanations transpire d'une façon sensible. Voilà d'indiscutables témoignages qui établissent que les deux abbayes de Saint-Jean et de Saint-Pierre de Vertou ont été peuplées de nombreux religieux et se sont maintenues jusqu'aux approches de l'an mil.

Après la reconstruction de 985, les abbés de Saint-Jouin-de-Marnes qui jusqu'alors avaient toujours maintenu sur un pied d'égalité les fondations de saint Martin, changèrent l'institution de Vertou en une *prévôté* dont le titulaire était chargé de fonctions analogues à celles des économes, pendant qu'un prieur veillait au gouvernement intérieur de la communauté.

Le dernier personnage qui porte le titre d'abbé de Vertou vivait en 1189 et se nommait Pierre[1]. On trouvera dans la *Gallia Christiana* la liste de tous les prévôts qui administrèrent jusqu'en 1790 le patrimoine laissé par saint Martin de Vertou à ses successeurs. D'autres examineront quelles ont été les conséquences de cette transformation. Pour moi, mon seul but est d'exposer comment la première étape du disciple de saint Félix a gardé la trace ineffaçable de son passage et de faire parler les pierres tout d'abord, pour corriger, autant que possible, le laconisme des documents écrits dont le texte va se dérouler dans les chapitres suivants.

Les discussions soulevées dans ces derniers temps à propos de son apostolat nous montrent qu'il est opportun de recueillir des témoignages de toutes sortes pour remettre cette figure historique dans le milieu où elle a brillé d'un vif éclat.

---

[1] Dom Morice, *Hist. de Bretagne*, *preuves* I, col. 712.

III

Saint Martin de Vertou, sa popularité, ses missions et ses fondations.

Depuis que je m'applique à tirer de l'obscurité les principaux traits de la vie du saint Martin qui a vécu à Vertou, je crois plus que jamais à la vérité de l'axiome populaire qui nous a legué la fameuse formule : *Nul n'est prophète dans son pays*. J'ajouterai en manière de paraphrase : « *Qui sert le public sert un ingrat.* »

Si on doutait de l'exactitude du proverbe, il suffirait de parcourir la carrière si bien remplie de notre saint pour voir que les réputations les mieux établies se heurtent comme les autres contre l'indifférence, et qu'il n'est pas de gloire humaine qui n'ait à subir une éclipse plus ou moins longue.

A Vertou même, l'église paroissiale est sous l'invocation de saint Blaise et de saint Jean, et on chercherait en vain un autel dédié spécialement à saint Martin de Vertou. Il est vrai que la statue du saint abbé est au-dessus du nouveau portail d'entrée depuis vingt-cinq ans. Est-ce suffisant? Les anciens curés prononçaient son nom une fois par an, le jour anniversaire de sa mort (24 octobre), et, en relisant les quelques lignes insignifiantes et incolores que renferme le *Bréviaire nantais*, se demandaient parfois si la mémoire célébrée dans cette notice très vague n'était pas un peu hypothétique. L'abbé Cormerais, qui vivait en 1850, écrit, avec une pointe de doute sur son registre paroissial cette phrase : *Il paraît qu'il a existé un saint du nom de saint Martin de Vertou*. A Château-Thébaud, paroisse qui touche Vertou, le clergé a vécu dans les mêmes incertitudes, et ses recherches ont été si mal dirigées qu'il est tombé juste à côté de la vérité[1]. Le fait est incroyable, cependant il est réel. Je veux imputer l'erreur à un curé étranger au diocèse (comme étaient beaucoup de curés de l'ancien régime, qui, se trouvant en présence d'un vocable de *saint Martin* sans qualificatif, ajouta de sa propre autorité l'épithète de *Turonensis*, et commanda une statue de cet évêque. Cette instrusion, qui n'est pas un événement rare dans les annales ecclésiastiques, nous montre toute la fragilité de la tradition quand elle n'est pas fixée au moyen de documents résistants et transmissibles de génération en génération. Certaine paroisse que je nommerai plus loin, a renié son vrai fondateur dans les listes officielles et dans son rituel, bien que son nom soit clairement inscrit dans la vie de saint Martin de Vertou. On n'a pas même pris la peine de remonter aux sources véritables d'information. Comment se fait-il que dans chacune des églises on n'ait pas pris souci de consigner par écrit le nom du patron ou de faire sculpter son image quelque part ? Cette négligence surprenante a été commise dans une foule de paroisses, tellement que les rédacteurs des *Pouillés diocésains* du XVIIe siècle ont été fort embarrassés pour choisir parmi les homonymes. Il n'y a pas la moindre mention claire et précise de saint Martin de Vertou dans les *Livres de visite* des climats de Clisson et de Retz, de 1680 à 1686, qui pourtant sont très détaillés; l'archidiacre, pour éviter de se compromettre, enregistre simplement que telle paroisse est sous l'invocation de saint Martin[2].

En Vendée, on a toléré des substitutions comme à Givre où saint Joseph, depuis cinquante ans, remplace la statue de saint Martin de Vertou.

Les auteurs qui invoquent la tradition orale pour résoudre

[1] La plus ancienne église, celle qui servit aux offices paroissiaux jusqu'en 1790, était au lieu dit *Saint-Martin*, à 600 mètres du bourg, et possédait un champ de foire.

[2] Voir aux *Archives départementales* dans la série G, les volumes de *Visites pastorales*.

les problèmes historiques prennent donc un auxiliaire boîteux, un porte-fanal vacillant, un aide facile à duper. La seule tradition respectable est celle qui résulte du témoignage invariable et ininterrompu des écrits conservés dans des *recueils autorisés*, or ces recueils ont manqué sur la route parcourue par saint Martin de Vertou ; c'est pourquoi nous sommes obligés aujourd'hui de recourir à une foule de moyens d'information : à l'archéologie, ou à la comparaison des monuments littéraires et religieux pour rétablir l'ordre et la date des événements de sa vie.

Le préjudice causé à la gloire de saint Martin de Vertou aurait été beaucoup moins grand, sans doute, s'il n'avait pas eu pour concurrent un homonyme très célèbre, connu dans le monde entier, saint Martin de Tours, le grand thaumaturge des Gaules comme l'appellent tous les livres pieux. Celui-ci, en effet, compte des églises dans toutes les parties de la France, en Angleterre, en Italie, en Allemagne ; ses miracles ont été gravés sur la pierre, peints dans les vitraux et les missels ; sa bannière fut l'étendard des rois de France ; ses religieux, formés à Marmoûtier, ont porté son nom dans toutes les directions. Il est donc arrivé un moment où sa célébrité est venue se glisser jusque dans les diocèses qui n'avaient pas de motifs particuliers de le vénérer, par exemple dans les diocèses de Bretagne et sur le littoral poitevin, contrées qui, avant le XIe siècle, ne lui avaient pas érigé d'autels[1]. Une rivalité, redoutable pour notre modeste abbé, éclata partout où les traditions écrites manquaient, partout où le peuple répétait l'invocation de saint Martin sans lui donner de qualificatif, dans les lieux déserts où son pas avait laissé son empreinte sur la pierre, ou fait jaillir une fontaine du rocher. Le clergé, mis en demeure de déterminer par un qualificatif le vrai patron originel qu'on devait inscrire sur les

[1] Plus loin, on verra les moines de Marmoutier acheter une église dédiée à saint Martin de Vertou, à la Pommeraie.

tables officielles, se prononça pour le plus célèbre sans faire aucune recherche de paternité ou de priorité.

Les amis de saint Martin de Tours le défendront de ces empiètements en disant avec raison que les biographes de saint Martin de Vertou ont fait valoir leur personnage en mettant à son actif plus d'un trait emprunté à la vie de son homonyme de Tours, et, qu'après tout, ce dernier n'a fait que reprendre ce qu'il avait prêté. Il est certain qu'il y a eu de nombreux échanges entre les admirateurs des deux saints, il en est résulté une complication et une confusion à laquelle il importe de mettre fin.

Le livre publié dernièrement par M. Lecoy de la Marche sur la vie et l'apostolat de saint Martin de Tours, est encore venu aggraver la situation et semer des embarras sur notre route, car, sans prendre le temps de poursuivre lui-même une enquête minutieuse et scientifique dans la Basse-Loire et dans le pays d'Herbauge, il s'est empressé de répéter des assertions sans valeur. Son ouvrage entouré de l'appareil de l'érudition, rehaussé par des illustrations d'un haut prix, va donner une sorte de consécration à des préjugés qu'il faudrait au contraire déraciner au plus vite.

Dans une question aussi grave, il aurait agi plus sagement en proclamant que pas un auteur n'avait encore cherché sérieusement la solution du problème, et qu'il ajournait son jugement. Joussemet, dont il invoque le sentiment, n'a pas la moindre autorité par la bonne raison qu'il n'entendait rien aux recherches historiques[1]. En présence des difficultés et des incertitudes qui enveloppent le vocable de saint Martin en Vendée, Joussemet déclare tenir *par prudence* pour saint Martin de Tours. Cette opinion, dit M. Lecoy, est beaucoup plus conforme aux traditions du littoral du Bas-Poitou qui, dans le récit de la conversion des anciens

[1] *Mémoire sur l'ancienne* configuration *du littoral Bas-Poitevin*, par C. L Jaussemet édité par Benjamin Fillon à Niort 1876.

habitants, *associent au nom de Martin ceux d'Hilaire et d'Ambroise.*

Oui, sans doute, les Vendéens répètent souvent le nom de Martin et d'Hilaire, mais il n'en font pas nécessairement des contemporains, et, en plus d'un lieu, ils mêlent à leurs invocations Vertou[1]. En pareille matière, la tradition est un mot vide de sens, un fantôme insaisissable que l'imagination modifie à son gré, suivant les lieux et les personnes.

Si j'étais moins avancé dans mes recherches, les conclusions de M. Lecoy de la Marche me décourageraient.

« En résumé, dit-il, il est à peu près impossible de déterminer exactement la part respective des deux apôtres du Bas-Poitou[2] ». Pardon, la cause n'a pas été entendue, les pièces du procès n'ayant pas été déposées, il est trop tôt pour prononcer le jugement. Dans toutes les affaires embrouillées, il y a un fil conducteur qu'il faut trouver, des superfétations à écarter et des points lumineux sur lesquels on peut s'appuyer sans crainte de s'égarer. Voyons d'abord si saint Martin de Vertou a été en possession de la faveur publique,pendant combien de temps, à quel degré de considération il est parvenu.

Il est bien certain que si la réputation de saint Martin de Vertou n'a pas égalé celle du grand thaumaturge des Gaules, cependant son nom à retenti au loin jusque dans les provinces les plus éloignées de la Gaule. On n'est pas peu surpris, en lisant les œuvres du diacre Wandelbert, d'y trouver deux vers à la louange de notre saint[3].

« *Martinumque suum celebrans Vertavus adornat.* »

Un autre auteur du IXe siècle, Usuard, dans son *Martyrologe romain*, a pris la peine d'y porter notre abbé de Vertou à la date du 24 octobre, pour que son anniversaire ne fût pas oublié dans l'Eglise latine.

[1] Nous dirons plus loin comment il faut expliquer l'association des noms de Hilaire et de Martin.

[2] Lecoy de la Marche, *Saint-Martin de Tours*, Tours, 1881, 1 vol., in-8° p. 319-322.

[3] Dom Luc d'Achery. *Spicilège*, in-f°, tome 11, p. 54.

« *In Vertavo monasterio, sancti Martini abbatis*[1]. »

Si le saint abbé n'a pas joui d'une gloire plus durable, il ne faut pas en attribuer toute la responsabilité à son biographe du Xe siècle, car il n'omet rien de ce qui peut rehausser son héros dans l'opinion. A l'en croire, saint Martin de Vertou aurait été plus puissant que le thaumaturge de Tours[2]. Un malade désespéré alla, dit-il, visiter le tombeau de saint Martin de Tours et revint dans le même état sans succès ; il alla ensuite à *Salion* aussi inutilement et n'obtint sa guérison qu'à *Vertou*. Le peuple en concluait que le saint abbé était le plus puissant des trois intercesseurs près de Dieu.

Dans le diocèse de Nantes, le nom de saint Martin de Vertou était loin d'être oublié au XIIIe siècle.

L'ordinaire du chantre Elie, attaché à la cathédrale de Nantes, et chargé de régler le formulaire des cérémonies, renferme le texte de l'office qu'on célébrait alors en l'honneur de notre saint. Après celui-ci, ce recueil ne contient que deux autres offices : celui de saint Donatien ou de saint Rogatien et celui de saint Gohard. Il était donc mis sur le même rang que les personnages les plus célèbres de l'église de Nantes[3]. Au XVe siècle, notre saint abbé était encore si connu à la cour des ducs de Bretagne qu'il était invoqué par les grandes dames dans les circonstances solennelles de la vie. Marguerite de Bretagne rédigeant son testament, en 1469, se recommande à la protection de saint Martin de Tours et de saint Martin de Vertou[4].

[1] Ce Wandelbert habitait le nord de la France. *Acta* SS., junio mense VI, p. 563.

[2] *Acta sanctorum*, octobri X, p. 811.

[3] « IXe Kalendas Novembris est festum sancti Martini abbatis. Iste Martinus dicitur fuisse filius spiritualis in baptismate S. Martini Turonensis et a sancto Félice, episcopo Nannetensi missus ad convertendam plebem civitatis Herbadille ; qui non audientes predicationem ejus perierunt cum civitate sua et multa alia miracula fecit Dominus per ipsum, quorum non est numerus. » (Bibliothèque de Sainte-Geneviève, Ms. 1251. folio 56.)

[4] *Trésor des chartres des ducs de Bretagne*, E. 25. (Archives de la Loire-Inférieure).

Si, d'autre part, nous cherchons l'époque où saint Martin de Tours entre en rivalité avec le nôtre, nous découvrons, à l'aide de textes aussi certains, que son culte est arrivé en Armorique à la suite des donations de prieurés qui furent faites par les seigneurs à l'abbaye de Marmoûtier-lès-Tours, au XIe siècle. A peu d'exception près, on peut dire que partout où les religieux tourangeaux furent appelés pour desservir une église, l'invocation de saint Martin de Tours vint remplacer un culte antérieur ou s'implanter à côté de la fondation nouvelle. Saint-Martin de Pontchâteau, Saint-Martin de Machecoul, Saint-Martin de Nantes, près Sainte Croix, Saint-Martin de Nort, Saint-Martin de Varades sont des églises qui furent dans la dépendance de Marmoûtier, il ne peut donc y avoir d'hésitation sur la traduction du vocable. Varade avait déjà, au XIe siècle, son église Saint-Pierre, cela n'empêcha pas les nouveaux venus de bâtir un prieuré en l'honneur de saint Martin de Tours.

Les mêmes religieux se sont établis à Donges, à Béré, au Pellerin. Si jamais le nom de saint Martin s'y rencontrait, il est clair qu'il faudrait l'identifier avec le patron de Marmoûtier. Dans les diocèses d'Angers, de Luçon, et de Poitiers la liste des prieurés de Marmoûtier est établie également, il est donc tout aussi facile que chez nous d'y procéder à la reconnaissance des établissements qui n'ont rien de commun avec Vertou. Dans ce travail de sélection, on fera peut-être des constatations curieuses et avantageuses à notre saint abbé ; c'est-à-dire qu'on rencontrera des cas où le saint de Tours, au moyen d'une acquisition, vient occuper une place ouverte en faveur de saint Martin de Vertou. Voyez plutôt l'histoire de la paroisse de la Pommeraie (Maine-et-Loire)[1].

Ce dernier a fondé, lui aussi, des monastères, notamment Vertou, Durinum ou Saint Georges de Montaigu et réformé

[1] « Ecclesiam quamdam in honore sancti Martini Vertavensis abbatis constructam que dicitur ecclesia de Pommeria » (1062) Marchegay, *Archives d'Anjou*, t. II p. 75.

Ansion. Quand les deux premiers ont disparu, les communautés secondaires qui gravitaient autour d'eux ont servi à grossir la famille monacale de Saint-Jouin-de-Marne (antea Ansion). Les prieurés de Saint-Jouin seront donc pour nous autant de phares lumineux qui éclaireront nos recherches et nous aideront à retrouver la trace des pas de saint Martin de Vertou.

Saint Martin de Vertou n'est pas parti à la conquête des âmes sans un plan arrêté d'avance, et sans avoir pris pour auxiliaires de sa mission les saints les plus chers à son cœur. En observant attentivement l'itinéraire de ses missions et les établissements qui portent son nom, il paraît indubitable qu'il s'est imposé la charge de relever d'abord les églises chancelantes en visitant les localités où subsistaient quelques groupes épars de chrétiens descendants de ceux que saint Hilaire, évêque de Poitiers, avait évangelisés au IVe siècle. Nous avons la certitude que ce grand adversaire des Ariens est venu jusqu'aux portes de Nantes à Rezé où il a baptisé, nous dit Grégoire de Tours, le jeune néophyte saint Lupien ; nous sommes donc autorisés à croire que la plupart des églises placées sous son invocation sont les étapes où il s'arrêta dans son voyage pour fonder des chrétientés. Saint Hilaire du Coin (aujourd'hui saint Fiacre), Saint-Hilaire du Bois, Saint-Hilaire de Loulay, sont bien dans la même direction. Saint-Hilaire de Chaléons nous entraîne d'un autre côté, de même que les nombreuses églises dédiées à Saint-Hilaire dans la Vendée et les Deux-Sèvres ; ce sont autant de témoins de l'activité du grand apôtre. Personne ne sera surpris que tant de paroisses aient conservé le souvenir de leur évêque le plus célèbre, car il n'est pas croyable qu'un prélat aussi prodigue de son zèle et aussi prompt à combattre l'erreur dans tous les pays d'Occident, ait négligé d'évangéliser les paroisses dont il était le pasteur immédiat[1].

[1] Saint Hilaire est le patron de 20 paroisses du diocèse de Luçon, sans parler des chapelles isolées, existantes ou détruites.

Il eut pour collaborateur dévoué, dans le Haut-Poitou saint Martin de Tours, son disciple, dans le temps qu'il était abbé de Ligugé, cela est indubitable ; cependant on ne voit pas la possibilité d'affirmer qu'il le chargea de prêcher la foi dans les campagnes du Bas-Poitou. Dans un temps où la moisson à récolter dans le champ des infidèles était si abondante, et où les ouvriers étaient si rares, saint Hilaire et saint Martin se seraient bien gardés de suivre pas à pas la même route. Une tactique habile leur commandait de courir au contraire dans des sens opposés.

Du moment où il est prouvé que saint Hilaire est l'apôtre reconnu du Bas-Poitou, nous devons en conclure que saint Martin, son disciple, n'y est pas venu avec la même mission. Si nous nous trompions, le biographe de saint Martin, Sulpice Sévère, nous contredirait en nous opposant quelques traits de sa vie ; or parmi les innombrables miracles que le grand thaumaturge a accomplis dans les contrées qu'il a visitées, cet auteur ne cite pas un seul prodige accompli par lui dans le Bas-Poitou. C'est là une lacune digne de remarque qui restera inexplicable pour les interprètes qui voudraient introduire saint Martin de Tours dans le pays d'Herbauge.

Les prodiges attribués au contraire à saint Martin de Vertou ne manquent pas dans cette région : j'en conclus que les probabilités sont en faveur de notre abbé dans toutes les églises où l'invocation de saint Martin est écourtée, même sur les territoires où le vocable de saint Hilaire est implanté de temps immémorial.

L'évêque de Poitiers s'est rendu dans les principaux centres de population, comme Rezé, pour y combattre le paganisme ; son invocation toujours vivante dans le voisinage des localités gauloises ou gallo-romaines en fait foi. Saint Martin, qui avait à lutter contre le même ennemi toujours rebelle, fut obligé de suivre son itinéraire; c'est pourquoi nous constatons tant de rapprochements entre les édifices voués aux deux saints. Le fait est surtout frappant à Montreuil-

Bellay : d'un côté, je vois un édifice dédié à saint Hilaire qui fut le berceau de cette ville, sous le nom de *saint Hilaire le Doyen*, et de l'autre, sur la rive droite du Thouet, la paroisse rurale de Lenay dont le patron est saint Martin de Vertou[1]. Saint-Hilaire du Coin touche Vertou, Saint-Hilaire du Bois touche Durinum. Qu'on cherche dans toute l'étendue des diocèses de Luçon et de Poitiers, et l'on trouvera certainement des concordances instructives pour la thèse que je défends.

Il entrait aussi dans les plans de saint Martin de Vertou de propager le culte de certains saints tout en contribuant à relever celui de saint Hilaire. Comme Nantais et clerc, diacre de saint Félix, son évêque, qui venait d'ériger une cathédrale en l'honneur du prince des Apôtres avec un baptistère sous l'invocation de saint Jean-Baptiste, il avait une préférence naturelle pour saint Pierre et saint Jean, sans parler des autres motifs qui recommandaient à son attention ces deux patrons. Les congrégations religieuses de tous les temps n'ont pas eu d'autre règle de conduite. Les Dominicains propagent le Rosaire, les Jésuites le culte de saint François-Xavier ou celui de saint Ignace ; les Rédemptoristes le culte de Notre-Dame de Perpétuel Secours.

C'est une habitude fort ancienne que nous constatons aussi chez les religieux de Marmoûtier-lès-Tours dès le XIe siècle. Partout où ces disciples de saint Martin de Tours (le fondateur de leur monastère) étaient appelés pour desservir un prieuré, on était sûr d'y voir apparaître une statue du grand évêque de Tours avec son invocation.

L'abbé de Vertou avait besoin de deux patrons parce que son dessein était d'ouvrir deux monastères dans chacune de ses fondations : l'un pour les hommes, l'autre pour les femmes. Au VIe siècle, les volontés étaient si chancelantes que la vie en communauté paraissait le seul moyen de main-

[1] *Notice sur Montreuil-Bellay* (Bull. de la Société archéol de Touraine). T., IX 1894).

tenir la ferveur, et de protéger les nouveaux convertis contre les défaillances[1]. Il est à croire que, à Vertou, l'établissement dédié à saint Jean-Baptiste, qui occupait le principal emplacement et auquel on a substitué plus tard un édifice paroissial, était ouvert pour les hommes, tandis que celui de saint Pierre était réservé aux femmes. Cette dualité a besoin d'être absolument démontrée, parce qu'elle doit nous servir à reconnaître les localités que notre abbé a évangelisées lui-même et à éliminer les fondations qui lui sont faussement attribuées. L'établissement de Vertou a servi de prototype. C'est là que notre saint Martin a voulu faire l'expérience de la méthode qu'il allait employer pour changer la face du pays d'Herbauge ; les autres communautés élevées ça et là n'ont été que la reproduction des maisons de Vertou[2].

Son biographe du Xe siècle nous l'apprend lui-même en décrivant les fondations religieuses établies par notre abbé à Ansion. Suivant la coutume adoptée à Vertou (*more Vertavi*) dit-il, on a construit deux monastères : au sommet, celui de saint Jean-Baptiste, et à l'orient, celui de l'apôtre saint Pierre[3].»

Durinum (saint Georges de Montaigu) est encore une des localités transformées par notre abbé de Vertou, elle recevait souvent sa visite ; c'est là qu'il est mort, dit la légende du passage miraculeux de la Sèvre. Nous avons la certitude qu'elle contenait aussi deux communautés différentes, à proximité de l'agglomération gallo-romaine.

Aujourd'hui personne ne connaît plus rien de cette histoire

[1] A Remireront, à Jouarre, à Faremoûtier, qui sont de vieilles fondations monastiques, il y avait aussi double communauté. (Montalembert, *Les Moines d'Occident*, 11, 567).

[2] « Nam Martinus ab hoc loco digressus plurima undique vitæ regularis construxit cœnobia in quibus monachorum multitudo inerat magna adeo ut trecentenus multitudine vinceretur numerus. » (*Acta SS. octobri*, X p. 809.)

[3] « Ension, in quo loco *more Vertavi*, duo sunt constructa cœnobia : in montis quidem vertice, sancti Johannis Baptistæ, et ad orientem versus, sancti Petri apostoli dicatum honore ». (Boll. *Acta. SS. octobri*, X, 814) L'abbaye d'Ansion est antérieure au VIe siècle. Elle fut seulement réformée par saint Martin de Vertou.

religieuse ni à Saint-Georges ni à Vertou, mais, au XVIIe siècle, la tradition n'était pas complètement morte. On trouvait encore à qui parler. Dubuisson Aubenay passant. en 1636, dans cette localité, put se renseigner assez exactement comme le prouvent les notes de son itinéraire, au titre de Montaigu. « Saint-Georges est un bourg avec une fort grande paroisse de Notre-Dame, avec un prieuré tout joignant de l'ordre de saint Benoist qui fut basti par saint Martin de Vertou, vers l'an 580 ; sa vie adjouste qu'il y bastit aussi un monastère de femmes. Ce pourroit bien avoir esté où de présent est la paroice susdite de Notre-Dame. »

. . . .

« Celuy d'hommes, qui est encore en estre[1], est le lieu mesme où ce saint mourut l'an 589. L'église du prieuré n'est pas fort antique, mais il y a tout devant une mâsure de l'ancienne église dont il reste un pignon avec le trou de la porte qui est d'ouvrage *resemblant le romain* avec *des chaînes* ou *ceintures de large et plate brique.* Ils l'appellent le portail de l'*image.* Etant tradition que là estoit l'ancian monastère qui s'estendoit jusques à l'église paroiciale, entre l'église moderne du prieuré ou prévosté et l'habitation ou logis des moynes. Disent de plus que le bourg estoit une très grande ville dont, en travaillant aux vignes, on trouve encore tous les jours des mazures et fondements et des médailles de cuivre[2]. »

Les invocations de saint Georges, de saint Maurice qu'on rencontre tant à Montaigu, localité féodale, qu'autour de la mère église de *Durinum*, sont récentes : elles proviennent de la fusion ou de la superposition des fondations. Les premières sont certainement celles de saint Pierre et de saint Jean comme à Vertou. A Montaigu, l'église paroissiale est sous l'invocation de saint Jean, et la paroisse de la Guyonnière honore saint Pierre.

[1] Terrain vague.

[2] *Itinéraire de Bretagne*, de 1636, f° 141. (Ms. de la Bibliothèque Nationale, 4,375)

La dualité de l'établissement monastique de *Durinum* est attestée par le biographe de l'abbé de Vertou; l'un, dit-il, était pour les hommes, l'autre pour les femmes. Reste à connaître la distance qui les séparait[1].

Il serait intéressant de rechercher dans toutes les paroisses du Bas-Poitou qui honorent saint Martin de Vertou sans hésitation, celles qui possèdent dans leur banlieue les statues des deux compagnons inséparables de ses missions. En attendant que la liste paraisse, je signalerai les suivantes : Le champ Saint-Père ou Saint-Pierre n'est pas à plus de 6 kilomètres de Givre, paroisse consacrée à notre abbé de Vertou[2], saint Jean est à trouver. Autour de l'île d'Olonne où le culte de notre saint est établi d'une façon incontestée, je vois saint Jean à Olonne et saint Pierre à Landevieille[3].

Quand ces deux vocables nous manquent, je conseille hardiment de recourir à celui de saint Hilaire pour les raisons que j'ai données. Ainsi, dans l'île d'Yeu, non loin de l'église, je vois le groupe des *pierres de Saint-Martin* dont la plus large devait servir de chaire naturelle. Quel est ce saint Martin ? Je cherche dans l'île l'un de nos vocables connus et je rencontre au vallon des *Prés Saint-Hilaire* les restes d'une ancienne abbaye dédiée à l'évêque de Poitiers. Cette coincidence me fait songer à la mission de saint Martin de Vertou dans le pays d'Herbaugé.

La population de Notre-Dame du Monts, nous l'avons dit, est persuadée qu'elle a été convertie au christianisme par notre saint. Ne doutez pas, car elle est en état de montrer, comme preuve, non seulement le lieu dit le *Clos Saint-Martin*,

[1] « Durinum venit. Hoc in loco Martinus idem duo cœnobia ædificarat quorum unum virorum insignibant agmina, aliud sane sanctimonialium gubernabatur caterva » (Bollandus, *ibidem*).

[2] Un curé a substitué saint Joseph à saint Martin il y a 30 ans.

[3] Aillery, *Pouillé du diocèse de Luçon*. Ce recueil est loin de contenir le nom de tous les bénéfices anciens du diocèse. Il faudrait le compléter par les livres de visites, les déclarations de 1790 et les recherches d'édifices sans desservants. « Vertona ab ecclesia Sancti Martini Vertavensis sic vocata », anno 1020 (*Cart de S. Cyprien de Poitiers*, 580).

où, dit-on, le saint prenait son repos. mais encore un travail presque surhumain qu'il aurait accompli, comme le pont de Louan. avec le concours du Diable. Il s'agit d'une chaussée qui part du rivage de N.-D. de Monts et qui semble se diriger vers l'Ile d'Yeu. Les marins sont persuadés qu'elle a plusieurs lieues de longueur, et ils assurent qu'elle a parfois 30 mètres de largeur ; ils la nomment le *pont saint Martin*, ou le *pont d'Yeu*. Les cartes marines la signalent comme écueil. Quand les bateaux touchent ce haut fond, ils sont obligés d'attendre la venue de la marée.

Les paroisses de Brem et de la Garnache invoquaient saint Martin, il n'y a pas bien longtemps. Si elles n'ont pas eu de rapports avec l'abbaye de Marmoûtier, il y a tout lieu de croire qu'elles appartiennent au saint de Vertou puisqu'elles sont encore dans la région maritime qu'il a parcourue.

Il y aura des cas où le *criterium* dont je recommande l'emploi paraîtra faillible, où, par exemple, la double invocation des patrons habituels viendra se présenter en compagnie des religieux de Saint-Martin de Tours. Dans l'histoire de Chantoceaux, on voit, en effet, un prieur de Marmoûtier placé entre deux églises dédiées à saint Jean et à saint Pierre, alors on se prend à douter de la possibilité de débrouiller la confusion apparente de cet imbroglio ecclésiastique. Mais, si on regarde de près les textes des actes de fondation, et si on se rappelle l'antiquité de cette place-forte de Chantoceaux, entourée de murailles dès le IIIe ou le IVe siècle, citée au VIe par Grégoire de Tours, on se persuade aisément que les religieux tourangeaux, au lieu de créer un établissement religieux entièrement neuf, ont simplement restauré des ruines comme ils avaient fait à la Pommeraie en achetant une église dédiée à saint Martin de Vertou[1].

[1] « Quemdam locum parentum suorum successione ei contingentem apud castrum in honore S. Johannis constructum. » Vers 1050 (Dom Morice, *preuves*, col. 385). « Posui jam dictos fratres in castro meo juxta capellam S. Petri que ipsorum erat ». Vers 1190. (Ibidem). L'invocation actuelle de la Madeleine a été prise à la léproserie qui occupait, au XIe siècle, la place de l'église.

Dans les Deux-Sèvres, aux alentours d'Ansion, je suis persuadé qu'il y aurait des recherches fructueuses à faire si on interrogeait les vieux titres de chaque prieuré. Boismé, à deux lieues sud-ouest de Bressuire, possédait quatre églises dont deux étaient dédiées à saint Jean et à saint Pierre ; or on constate qu'elle avait eu des rapports avec Ansion. Saint Merault, religieux de cette abbaye y mourut, croit on, en qualité de prieur[2].

Notre saint n'a pas trouvé partout des populations disposées à embrasser la vie religieuse. A mon avis, quand la double invocation de saint Jean et de saint Pierre accompagne une église placée sous le vocable de l'abbé de Vertou, elle nous révèle l'existence de deux communautés fondées à l'instar de Vertou, dès le VIIe siècle. Là où saint Martin s'est borné au contraire à prêcher la foi, son invocation isolée nous révèle qu'il s'agit simplement d'une fondation de paroisse ou de sanctuaire ou d'un dépôt de reliques.

Par une bizarrerie singulière, l'Anjou paraît avoir mieux conservé le souvenir de notre abbé de Vertou que le diocèse de Nantes. Dans Angers, il existait une collégiale de chanoines qui faisaient remonter leur origine jusqu'au IXe siècle, et leurs prétentions s'admettaient d'autant mieux qu'ils chantaient l'office dans une église dont les piliers avaient un caractère carolingien. Leur patron était saint Martin sans qualification ; il est probable qu'ils avaient choisi saint Martin de Tours, cependant la chose n'est pas certaine puisque l'un des historiens de cette église nous dit :

« Tout est obscur en ce qui concerne l'origine de l'église de saint Martin : le nom de son fondateur, la date de sa construction première, l'origine de la relique principale de son patron ». Pour se tirer d'embarras sans s'exposer à manquer de reconnaissance envers leur véritable fondateur, les chanoines avaient pris un parti conciliant au suprême degré

[1] D'Espinay, *Notices archéologiques*, Angers 1876 1 vol. in-8°, p. 137.

[2] *Cartulaire de Saint Cyprien de Poitiers* (Arch. hist. du Poitou, tome III, p. 106).

toutes les exigences : ils honoraient les deux rivaux. Sur la façade principale on apercevait, dans un cartouche, la scène populaire qui représente saint Martin de Tours partageant son manteau avec un pauvre, et, dans le trésor caché, on gardait une statue très précieuse de saint Martin de Vertou qu'on avait fait couler en *argent doré*[2].

La présence des deux homonymes dans cette église peut encore s'expliquer autrement. Il existait, sur l'emplacement actuel de la gare d'Angers des terrains nommés les *champs Saint Martin* dans le déblai desquels des sépultures nombreuses et très antiques ont été découvertes. Comme un cimetière ne va pas sans une église, je serais tenté de croire qu'à une certaine époque à déterminer, chacun des deux saints avait son sanctuaire particulier et que leur réunion sous un même toit date de la destruction de ce dernier établissement. Dans tous les cas, il est curieux de voir qu'Angers avait un culte persévérant pour un saint parti de Nantes.

Dans le pays de Mauges et le Saumurois, six paroisses reconnaissaient encore, au siècle dernier, que leur vrai patron était saint Martin de Vertou, ce sont : Ambillou, Varennes-sous-Montsoreau, Chaudron, Neuvy, la Pommeraie et Torfou. On ne peut supposer que son culte y a été importé tardivement, à la suite de quelque dispersion de reliques, ce champ est toujours celui qui a été évangélisé par notre saint abbé, l'apôtre des contrées de Tiffauge et de Mauge, pendant qu'il gouvernait Ansion. Non seulement nous avons à la Pommeraie une fontaine sous le vocable de saint Martin, mais encore une vieille charte du XIe siècle relate qu'un moine de l'abbaye de Marmoutier acheta une église bâtie en l'honneur de saint Martin de Vertou[3]. Si je veux vérifier l'exactitude de la présence de notre saint Martin, je cherche

[2] C. Port, *Dictionnaire historique et géographique de Maine-et-Loire* p. 58.

[3] Arch. dép. de Maine-et-Loire, Série H. — *Notes sur Montjean et ses seigneurs*, par l'abbé Allard, Angers, 1894, 1 vol. in-8°, p. 21-28.

les deux vocables qui accompagnent toujours ses fondations, et je vois d'abord saint Jean qui a donné son nom à la commune de Montjean: *Mons Johannis*. Saint Pierre est à chercher dans les chapelles en ruines.

Au XIe siècle, le nom de notre saint abbé inspirait encore tant de vénération qu'on reconstruisait à neuf les édifices qui avaient été élevés en son honneur dans les siècles précédents. Guy, trésorier de l'église cathédrale d'Angers, voulant honorer sainte Foi, nous dit un vieux texte, lui réserva un oratoire dans l'église qu'il venait de relever à grands frais en *l'honneur de Saint-Martin de Vertou*. D'après Mabillon, ce serait la paroisse du Lion d'Angers, vieux centre celtique et gallo romain, qui aurait bénéficié de cette générosité entre 1010 et 1030. Le fait paraît d'autant plus probable, que notre saint est toujours le patron du Lion et que l'église a conservé les caractères du roman primitif dans plusieurs de ses parties. Godard, dans sa publication illustrée de l'*Anjou et ses monuments* a jugé à propos de reproduire sa façade en petit appareil, percée de deux fenêtres en plein ceintre.

La paroisse de Jarzé est aussi bien éclairée sur ses origines. Elle sait que le bois de Chambiers renfermait une chapelle consacrée *de toute antiquité*, à saint Martin le Confesseur (qui est le nôtre), et qu'elle fut vendue à l'abbé de Saint-Serge, par Geoffroy de Jarzé. C'est là le sanctuaire qui a donné naissance à la paroisse de Beauvau[2].

[1] « Nec non et ille optimus Wido *sancte Matris ecclesie* Andecavensis edituus, vir locuples, omnique probitate non mediocriter preditus, adeo S Fidis amore incanduit ut in ecclesia sua, quam ab ipsis fundamentis mirifico opere in honore sancti Martini *Vertavensis* de veteri in novum resuscitat ; eidem sancte martyri nichilominus factum iri disponeret insigne oratorium » (*Liber miraculorum S. Fidis* apud Annales Benedictinos, tome IV p. 703

« Wido dotat ecclesiam inhonorem S Martini Vertavensis in villa Legionis » (*Annales Bened*, IV, 425.

[2] « Vendidit Gaufridus de Jarziaco domino Daiberto abbati quamdam capellam que antiquitus fuit consecrata in honore egregii confessoris S. Martini juxta villam que Jarziacus vocatur ». Dom Morice *preuves*, I, col. 437.

Un curé de la Trinité d'Angers qui a passé sa vie à étudier les particularités de diverses églises de son diocèse, est arrivé à la conviction que saint Martin de Vertou était le patron de 30 ou 40 paroisses. Je ne crois pas qu'il exagère beaucoup, car il y a une quantité de paroisses où l'on invoque saint Martin sans qualificatif et où la tradition flotte incertaine entre les deux rivaux. Elles sont au nombre de 106. Comme aucun des chapitres et aucune des abbayes de Tours n'y exerçait de prérogative réelle ou honorifique, rien ne s'oppose à ce que les présomptions tournent au profit de saint Martin de Vertou, surtout quand les églises sont placées dans le Craonnais ou sur la rive gauche de la Loire. Il y a huit églises de la rive droite qui n'ont pas perdu la tradition de leur vrai patron, ce sont : Le Lyon d'Angers, Neuville, Linière-Bouton, Fontaine-Guérin, Parcay, Champigné, Ecuillé et Chanzé, paroisses dont les noms trahissent une origine latine. Les invocations de saint Martin ne manquent pas dans le Craonnais, elles se retrouvent à Villenglose, à Saint-Martin du Limet, à Niafles, à Charancé, à Pommerieux, à Simplé, à Athée, à la Chapelle-Craonnaise, à Ballots, à Cuillé, à Aviré, à Saint-Martin du Bois, à la Selle-Craonnaise, à Ménil et à Laigné. Comme ces églises ne relevaient pas des établissements de Tours, il n'y a pas de raison pour écarter saint Martin de Vertou de leurs autels.

Le meilleur procédé pour ne pas s'égarer dans la classification des établissements fondés sous l'invocation de notre saint abbé de Vertou, c'est de sacrifier et de laisser de côté les églises isolées, et de rechercher au contraire les groupes. Quand un missionnaire s'établit dans une contrée, il choisit un centre et rayonne tout autour. Etant donnée l'abbaye de Vertou sur la Sèvre, personne ne contestera que notre abbé se soit servi de ce cours d'eau pour communiquer avec toutes les localités qu'il arrosait.

[1] *Vies de plusieurs saints particuliers et peu connus, révérés en diverses églises d'Anjou.* (Bibl. mun. d'Angers, ms. 859).

De bassin de Grandlieu avec son déversoir, la Chenau, lui offrait encore des moyens faciles de transport sans parler des voies romaines qui conduisaient de Rezé au Port-Saint-Père ; on nous accordera donc aisément que, si nous trouvons quelques paroisses invoquant saint Martin de Vertou depuis un temps immémorial, il y a lieu de croire qu'il est l'apôtre sans rival du bassin de Grandlieu. Nous avons d'abord le Pont-Saint-Martin qui est un témoin de son activité industrieuse et que personne ne lui conteste depuis très longtemps. Saint Martin est encore le patron de la Chevrolière (*antea Passay*) que baigne le lac ; il est également honoré à Rouans, paroisse riveraine de la Chenau, car les religieux de Saint-Serge d'Angers y trouvèrent une église toute bâtie quand ils arrivèrent au XIe siècle[1]. Quant au Port-Saint-Père, il est avéré aussi qu'il existait dans ce bourg un prieuré avec chapelle sous la même invocation, qu'on avait annexé au prieuré de Saint-Martin de la Garnache. Comment M. Lecoy de la Marche a-t-il été conduit à introduire saint Martin de Tours dans cette vallée qui appartient exclusivement à notre apôtre ? Il a été trompé par un correspondant mal informé.

S'il était venu à Cheix, sur les lieux, il aurait appris du peuple lui-même quel est le véritable saint en vogue. Verger qui est passé à Cheix vers 1840, dit qu'on lui a fait voir près des bords de la Chenau une énorme pierre plate sur laquelle on croit voir la trace du pied de saint Martin de Vertou[2]. Son souvenir était si vivant dans toute cette région, que les légendaires n'ont eu aucune peine à accréditer leurs fables le jour où ils ont raconté que le lac s'était produit à la suite d'une malédiction de notre saint.

Quels sont les établissements de Marmoûtier qui, dans la viguerie de Raiz, auraient pu nous apporter le culte du grand

[1] « Hanc conventionem cepit H. abbas S. Sergii et sui monachi cum Glaviheno de ecclesia sancti Martini que est in villa Rotohenge » XIe siècle. *Cartul. de S. Serge*. (Dom Morice, *preuves*, 1, col. 388).

[2] Verger. *Notes sur l'arrondissement de Paimbœuf*. Cheix. (Bibl. mun. de Nantes ; Ms.)

saint tourangeau ? Je n'en vois que deux : Le Pellerin et Mâchecoul, or ces deux prieurés sont du XIe siècle c'est-à-dire d'un âge bien postérieur aux chrétientés de Rouans et de Cheix qui sont des localités au moins mérovingiennes. *Saint-Pierre* et *Saint-Jean* de Bouguenais, fillettes de la grande paroisse de Rezé, au VIIe siècle, nous disent assez, par leur proximité, que nous sommes toujours dans le champ d'action de saint Martin de Vertou.

En plein pays de Retz, à Prigny, localité gallo-romaine transformée en châtellenie par la féodalité, nous retrouvons encore les mêmes vocables dans des églises antiques : Saint-Jean dans l'enceinte fortifiée au sommet du coteau, et Saint-Pierre aux Moûtiers qui sont la banlieue. Il n'y a pas d'erreur possible ici : Prigny figure parmi les églises qui dépendaient de l'abbaye de Saint-Jouin de Marnes, la sœur de Vertou.

Puisqu'il en est ainsi, je ne vois pas pourquoi nous hésiterions à inscrire sur la liste des filles de Vertou les églises de Arthon et de Chauvé qui invoquent un saint Martin non qualifié, et même la fontaine de saint Martin près Pornic, d'autant que nous ne sommes pas éloignés de Chaléons qui invoque saint Hilaire, c'est-à-dire l'apôtre dont saint Martin de Vertou s'est appliqué à suivre les traces, comme nous l'avons fait voir par de nombreux exemples. Chemeré qui touche Chaléons, avait une église dédiée à saint Martin dont les offrandes furent données aux religieux de Saint-Serge quand ils s'installèrent dans la forêt de Princé, sur l'invitation de Glavihan, au XIe siècle. On peut donc dire que notre saint Martin était aussi connu dans le pays de Retz, subdivision de la province d'Herbauge, que dans les environs de Vertou.

A l'époque où saint Martin est arrivé dans le pays de Vertou,

[1] « Iterum in villa quæ vocatur Camariacus G. donat eisdem in ecclesia Sancti Martini duas partes altaris sancti. » *Cartulaire de Saint-Serge* (Dom Morice *preuves* I, col. 388.) Saint Martin de Tours n'est bien reconnu qu'à Mâchecoul où les religieux de Marmoutier furent appelés au XIe siècle, dans un faubourg.

la population était agglomérée tout autrement qu'aujourd'hui; c'est pourquoi certaines fondations sous son invocation se présentent dans des endroits isolés, comme je l'ai montré pour Saint Martin de Château-Thébaud qui était à 600 mètres du bourg actuel. Sur le territoire de Haute-Goulaine, s'élève aussi à l'écart une chapelle moderne qui a toutes les apparences d'une fondation antique établie à proximité d'un foyer de superstitions païennes[1]. On y trouve deux sources très abondantes, très limpides que les sires de Goulaine, au moyen âge, ont essayé de capter au profit de leur château. Sur la lande immense qui l'environnait et qui servait de champ de foire à une assemblée très renommée, de temps immémorial, se dressaient plusieurs mégalithes dont les pierres gisent encore éparses çà et là dans les chemins d'alentour et les jardins : une couronne de bois épais ajoutait encore son ombre mystérieuse à cette retraite sacrée, que Martin transforma en y plantant une croix.

Le bourg actuel de Haute-Goulaine avait néanmoins à la même époque sa chapelle, puisqu'en démolissant la dernière église, M. le curé a rencontré des briques marquées de l'empreinte du *Chrisma* qui provenaient évidemment d'une construction semblable à l'église mérovingienne du bourg de Vertou[2].

Saint-Martin de Mouzillon, Saint-Martin du Bignon, Saint-Martin de Gorges étaient trop près de la vallée de la Sèvre pour être placées en dehors de l'action de saint Martin de Vertou, d'autant qu'elles sont au nombre des églises antérieures à l'an mil.

Le Loroux-Bottereau est certainement l'une des fondations ecclésiastiques dues à notre saint Martin lui-même, l'une des paroisses qu'il a établies de ses propres mains. Le nom

[1] Elle a été reconstruite en 1875 sur un plan un peu moins long que l'ancienne. Je n'ai pas vu de matériaux précieux dans les substructions ; les conduites que j'ai découvertes là et aux *Montils Ferruceaux* sont des tuyaux de terre cuite d'une pâte très fine, vernis à l'intérieur.

[2] Voir les Notes de M. Marionneau.

de Loroux, dérivé de *oratorium*, est, à lui seul, une révélation et indique bien que la première attraction qui a fait converger la population autour de ce sommet, est un édifice religieux, et cet édifice n'est autre que la création de notre saint. Son souvenir est encore vivant dans les traditions et les légendes du pays. Il passe pour le fondateur de la chapelle Saint-Laurent, aujourd'hui la Mairie, qui, en effet, a toutes les apparences d'un édifice antique, et qui faisait partie d'un prieuré relevant de l'abbaye de Saint-Jouin de Marnes.

La distance de Vertou au Loroux n'est pas considérable ; ces deux bourgs étaient reliés, dès l'antiquité, par un grand chemin qui aboutissait au lieu dit de Louan, c'est-à-dire à l'endroit où les rives du marais de Goulaine, en se rapprochant, permettent d'établir un bac ou un pont. Le peuple raconte que notre saint avait souvent besoin d'user de ce passage et qu'il était très gêné par la nécessité de recourir à un bac dont le service n'était pas régulier. Il aurait bien entrepris la construction d'un pont, mais la profondeur de la fosse de Louan, qui est considérable, l'embarrassait. Le diable vint lui offrir ses services à une condition, c'est qu'il aurait, en retour, la propriété de la première personne qui passerait sur le pont. Saint Martin, qui n'était pas sot, accepta, prit un chat sous son manteau et, le jour où l'ouvrage fut terminé, lança la tête. Le diable se mit à sa poursuite et ne put saisir que sa *barbe*, tant il courait fort. Depuis ce temps, le lieu où la course prit fin s'appelle *Barbe-chat*.

A côté de cette légende naïve, il y a des faits certains dont la trace a été conservée dans les archives. Parmi les nombreux sanctuaires bâtis sur le sommet du Loroux, il y en avait un dédié à saint Jean-Baptiste qui est devenu l'église paroissiale, et un autre sous l'invocation de saint Pierre, deux saints chers au cœur de saint Martin.

Les sépulcres qu'on a constatés autour de ces oratoires ne sont pas en désaccord avec la tradition et les titres. Leur

[1] « Guillelmus de Barbacati » (Dom Morice, *Preuves* 1, col. 385).

présence se révéla dès le siècle dernier, pendant que les habitants du bourg enlevaient des terres devant leurs portes pour établir un pavage. Le docteur Duboueix de Clisson qui passait dans le bourg au moment des déblais, fut si surpris du spectacle offert à ses yeux qu'il communiqua ses impressions aux journaux du temps[1].

« Les paysans qui faisaient ces enlèvements, avaient rencontré, à environ deux pieds et demi de profondeur, une suite de pierres tombales placées côte à côte, suivant la direction de la rue et des deux côtés du pavé. Ces tombes ouvertes présentaient des squelettes dans leur entier mais dont les os n'avaient presque plus de consistance. Ces monuments forment un carré long très régulier, composé de deux pièces. L'inférieure est une auge d'environ six pieds et demi de long et d'environ deux pieds de large. La supérieure ou l'opercule est un autre carré long, qui s'adapte parfaitement à l'entrée du sépulcre et la ferme exactement sans déborder d'aucun côté. L'épaisseur de ces pièces est de trois à quatre pouces. *Elles sont toutes composées de coquillages marins.* »

« J'ai demandé si l'on n'y avait point trouvé d'inscriptions, de médailles ou de pierres gravées ; on m'a dit qu'il s'en était rencontré quelques-unes, mais que les paysans les avaient brisées[2]. »

« Ayant été conduit dans un autre quartier du bourg d'où l'on enlevait aussi des terres, j'y ai de même observé plusieurs anciens tombeaux, mais ceux-ci étaient à une profondeur bien plus considérable : ils étaient d'ailleurs creusés dans le roc vif et recouverts d'une pierre plate du pays ; et tous dans ce canton étaient de la même espèce, au lieu que dans l'autre quartier, il n'y en avait pas un seul qui ne fût composé de *coquillages.* Ces derniers d'ailleurs étaient rangés avec beau-

[1] *Affiches de Bretagne* et *Mercure de France* de 1785.

[2] Dans une relation insérée en février 1786 au *journal politique de Bruxelles* il est dit qu'on a trouvé au doigt d'un squelette une bague de 3 boutons de verre montés en cuivre.

plus d'ordre et de symétrie[1]. Ce qu'il y a de certain, c'est que ces tombeaux de coquillages ont été trouvés en très grand nombre et qu'on en découvre encore tous les jours. »

Dans un discours prononcé, en janvier 1791, par l'abbé Rousseau, curé du Loroux, sur un sujet administratif, en vue de faire ressortir les titres de cette ville à la considération publique, l'orateur, après avoir montré l'enceinte fortifiée, ajoute :

« Ce qui achève la preuve de l'antiquité et noblesse de la paroisse du Loroux, c'est cette grande quantité extraordinaire de tombes et tombeaux qu'on y découvre tous les jours[2].

Saint-Martin du Fuilet et Saint-Martin de la Remaudière, deux églises situées à peu de distance, doivent être considérées comme le rayonnement du foyer établi au Loroux[3].

Par la Sèvre, Vertou est en communication directe avec la vallée de la Loire. Rien n'était plus facile que de s'embarquer au pied du monastère, de descendre avec le flot et de faire escale à gauche ou à droite ou de remonter vers Angers : c'est ce qu'a fait saint Martin, comme les faits et les textes le démontrent. Ouvrez la vie de saint Martin, vous y verrez la relation d'un voyage où le saint missionnaire prend une table de pierre pour bateau, se fait débarquer dans une station nommée *Saviniaca villa*, et érige un autel avec son esquif improvisé[4]. Qui ne reconnaîtrait sous cette description imagée la localité antique de Savenay, dont le territoire primitif s'étendait depuis le sommet du sillon de Bretagne jusqu'à la Loire ?

[1] On a trouvé des sépultures semblables dans la paroisse de Saint-Philbert de Vue, autour de la chapelle de Sainte-Anne.

[2] Livre des délibérations de la municipalité du Loroux de 1791.

[3] La Remaudière dépendait de Saint-Jouin de Marnes.

[4] « Mox ad litus eventum est : data evectione discum illum Martinus Saviniaco villa deportari imperat, et subsecutus super altare ejusdem loci ecclesie in honorem Christi coaptat » (*Acta SS.*, octobri X, p. 812). On a trouvé des ruines de villas gallo-romaines en ville et dans la campagne, notamment au Brossay et à la Bimboire.

La rive de Lavau (Vallis), avait un port où le saint mit pied à terre : c'est pourquoi l'église de Lavau conserve encore l'invocation de saint Martin de Vertou très fidèlement. Il est assez étonnant que l'église mère de Savenay, qui fut sa seconde étape, ait été chercher, il y a cent ans, saint Martin de Tours pour le mettre sur ses autels, quand elle avait sous les yeux le mémorial de Lavau. Là encore, notre abbé retrouva le souvenir d'une station de saint Hilaire qui, au XIe siècle, était représentée par un domaine ecclésiastique composé d'alluvions et d'écluses qu'on nommait *Terdus*, et qui devint la dotation du prieuré de Saint-Hilaire du Tertre[1].

La chrétienté de Savenay paraît avoir été établie dans les mêmes conditions que celle de Lavau et de Vertou, c'est-à-dire avec deux communautés religieuses, car nous y voyons apparaître encore le même groupe de vocables. Il est certain que cette localité possédait une chapelle Saint-Jean très vieille, qui tomba dans la dépendance du prieuré d'Er[2], et au moins un édifice dédié à Saint-Pierre, sans parler de Saint-Pierre du Goust en Maleville qui n'est pas loin[3].

Les chrétiens de Savenay imitèrent leurs frères des autres paroisses mérovingiennes, ils inhumèrent leurs défunts dans de grandes auges de pierre blanche qu'on a retrouvées dans la reconstruction de l'église.

En remontant vers Nantes, saint Martin trouva à Couëron une autre agglomération paienne sur la hauteur couronnée par le village des Salles, plateau admirablement situé au-dessus de la vallée, où les Romains avaient édifié de grandes constructions avec leur luxe habituel. Le bourg de Couëron

[1] « Terram que *Terdus* vocatur in parrochia de Vallis cum ripa etiam et parte Ligeris et sclusis suis. » (Vers 1090). *Cart. de Saint Cyprien de Poitiers* N° 502. Voir aussi *Aveux du prieuré du Tertre*. (Archives de la Loire-Inférieure, B 766).

[2] *Déclarations de la Sénéchaussée de Nantes*, vol. XXIII du terrier de 1678. (Arch. dép. B).

[3] Les terres de la Fontaine Abion en Savenay sont délimitées par les *terres de Saint-Pierre*. (*Cartulaire de Redon*, p. 161) Je balance entre le village de la *Fontaine* en Lavau et la Fontaine Boitouse dans la ville.

lui-même n'était alors qu'une petite station. Le missionnaire s'établit entre ces deux points, dans les terrains qui portent encore le nom de *saint Martin*, là où se dressaient les pignons couverts de lierre d'une chapelle ruinée depuis 1790. En la démolissant, le propriétaire a découvert non seulement beaucoup de tombeaux d'ardoise, à l'intérieur et dans le pourtour, mais encore plusieurs spécimens de ces fameuses briques historiées dont j'ai déjà parlé et qui trahissent leur date par leur physionomie barbare[1]. Il n'y a donc pas lieu de douter que la rive de Couëron a reçu aussi la visite de l'abbé de Vertou.

Chantenay, aux portes de Nantes, invoque saint Martin de Tours sans savoir pourquoi. Dans le doute, j'aimerais mieux adopter le saint qui a évangelisé les paroisses des alentours comme Indre, Rezé et Couëron, et dont le culte était public dans l'île d'Indrette quand Hermeland y débarqua vers 627[2].

Une fois la vallée de la Loire franchie à Lavau, saint Martin ne s'arrêta pas à Savenay ni à Cambon qui est aussi une vieille localité mérovingienne où l'invocation de saint Martin est populaire, il monta vers le nord au dela de Guérande, et traversa le territoire d'Assérac paroisse dédiée au grand saint Hilaire de Poitiers. La villa de Camarel, qui est devenue la paroisse de Camoël, avait une chapelle de saint Martin qui ne peut être que la conséquence de la mission qu'il accomplit au nord, après son passage sur les rives de la Vilaine. Je suis d'autant mieux autorisé à le conjecturer, que la paroisse d'Arzal, qui est en face, sur la rive droite du même fleuve, n'hésite pas à rendre ses hommages à saint Martin de Vertou[3].

[1] *Fouilles de la chapelle Saint-Martin de Couëron* (Bulletin de la Société arch. V, 75-79). On peut voir chez M. l'instituteur de Couëron les dernières découvertes de M. Soliman. Il possède le chrisma et les effigies d'Adam et d'Ève.

[2] « Reperit in ea oratorium in parvissima basilica beatissimi confessoris Martini ». (*Acta S. Hermelandi.* Dom Morice, preuves, I, 222.)

[3] Saint Hilaire est encore connu dans les paroisses de Guiscriff, de Pluméliau et de Landévant (Morbihan).

Qui saura jamais jusqu'où le zèle de la conversion des infidèles entraîna notre apôtre? Il est fort possible qu'il soit allé jusqu'en Normandie en traversant le diocèse de Rennes, car on trouve la trace de ses pas même dans la forêt du Pertre, sur la limite du Maine. L'établissement qu'il y fonda, à l'instar de Vertou sans doute, était appelé à rendre de si grands services que le roi Clovis II voulut augmenter les bâtiments avec la dotation et céda la jouissance des bois environnants aux religieux de Saint-Jouin de Marnes [1]. Plus tard (1090), quand on installa un autre prieuré, celui de Bréal, sur le bord de la même forêt, au profit des religieux de Saint-Serge, des protestations s'élevèrent et on entendit l'avocat de la communauté lésée invoquer le don de Clovis II.

IV

Saint Martin de Vertou et ses contemporains.

Saint Martin de Vertou est-il un personnage du VIe siècle ou d'une époque antérieure? Cette question d'âge était restée en dehors de toutes les controverses jusqu'à la publication des *Origines de l'Église de Poitiers* par dom Chamard dans son *Histoire ecclésiastique du Poitou* en 1874. Comme elle a été soulevée, je suis obligé d'examiner les objections qui sont présentées contre les faits servant de base à l'opinion générale. Il n'est pas indifférent de placer saint Martin de Vertou dans tel ou tel siècle, de changer le nom de ses ancêtres et de ses descendants. Le saint abbé n'a pas été seulement un religieux, un maître de la vie contemplative; il a été l'adversaire du paganisme, l'ennemi de la superstition, le fondateur d'un grand nombre de paroisses qui lui doivent la lumière de la foi. Il a repris, au VIe siècle, l'œuvre de civilisation commencée par saint Hilaire au IVe siècle; il a préparé la voie aux missions de saint Hermeland. Sa vie est donc un des anneaux de la grande chaîne d'événements qui composent l'histoire générale de la formation des chrétientés de la basse

[1] «Pertum fuisse abbatiam in honore S. Martini *Vertavensis* a rege Clodoveo constructam.» *Procédure du XIe siècle;* Dom Morice, *Hist. de Bretagne, Preuves*, I, col. 475-586. — Saint Martin passe aussi pour le fondateur du monastère des Deux-Jumeaux, près de Bayeux.

Loire, de l'Anjou et du Bas-Poitou; quiconque le déplacerait jetterait le trouble dans la lignée des apôtres qui, de loin en loin, éclairent la marche des générations antérieures à l'an mille.

Jusqu'ici, tous les hagiographes et les historiens avaient pensé qu'on ne pouvait élever aucune difficulté au sujet de l'époque à laquelle avait vécu notre saint Martin. Ils ont considéré qu'il n'y avait aucune raison de suspecter son plus ancien biographe quand il affirme qu'il était contemporain de l'évêque saint Félix et qu'il tenait de lui sa mission. Il est vrai que le texte de cette vie de saint Martin n'est pas irréprochable, que l'auteur s'est permis d'arranger les événements à sa façon, qu'il a commis des erreurs géographiques; néanmoins, ces réserves faites, il n'est pas admissible qu'il ait tout tiré de son imagination. Le fond est indiscutable, les noms de saint Félix et d'Herbauge sont authentiques, ils ne sont pas un produit de son cerveau, puisqu'ils appartiennent à l'histoire et à la géographie du diocèse. S'il en avait fait une fausse application à notre saint, nous constaterions des contradictions dans les faits archéologiques; or c'est le contraire qui se produit. Toutes les découvertes faites dans les lieux où se rencontre le nom de notre Martin nous mettent en présence de monuments et de vestiges de l'art mérovingien bien caractérisé.

Est-il possible d'augmenter le récit des biographes que nous avons passé en revue, en recourant à d'autres sources, en interrogeant, par exemple, les vies des saints qui ont vécu dans le même temps que le saint Martin de Vertou? Dom Chamard, l'historien de l'église de Poitiers, s'est posé cette question et a répondu affirmativement[1]. Voyons les résultats auxquels il est parvenu. Suivant cet auteur, les hagiographes nantais se sont trompés en se servant exclusivement des biographies consacrées à notre abbé de Vertou, ils auraient dû consulter aussi la *vie de saint Vivent*, un contemporain de saint Hilaire et de saint Martin de Tours; ils y auraient vu qu'on s'est égaré jusqu'ici en classant le célèbre abbé de Vertou au nombre des personnages du VIe siècle. Il faut le vieillir de deux siècles. Cette thèse du savant bénédictin a été reprise par M. l'abbé Boutin qui, sans réserves, s'est empressé de lui prêter le concours de son autorité, comme si elle était inattaquable[2].

[1] *Les origines de l'église de Poitiers*, Poitiers, 1874, 1 vol. in-8°.

[2] *Légendes des saints du diocèse de Luçon*, 1 vol. in-8°.

Déplacer de son milieu un saint qui est en même temps un personnage historique, qui a eu de nombreuses relations, qui a fondé des monastères, opéré une révolution morale et religieuse dont les conséquences ont eu un retentissement prolongé dans les siècles postérieurs, n'est pas une entreprise de peu de gravité qu'on puisse traiter comme une question secondaire, en s'appuyant sur des apparences, des vraisemblances ou des probabilités.

La prudence la plus vulgaire exige qu'avant de partir en guerre on passe une revue minutieuse de ses armes. En abordant ce procès, il faut se munir de solides arguments, car les partisans de la thèse contraire ont l'immense avantage d'occuper une position fortifiée depuis longtemps. Les erreurs historiques sont possibles; tous les jours nous voyons des critiques et des historiens rectifier les assertions des chroniqueurs, parce qu'ils ont pris une année pour l'autre, un jour pour un mois, ou altéré le nom d'un auteur ou d'un témoin.

Dans la biographie d'un homme obscur, des erreurs plus grossières encore peuvent également se glisser parce que les moyens de contrôle manquent. Mais est-il admissible que, depuis le IXe siècle jusqu'à nos grands érudits modernes, les Bollandistes, on se soit trompé de deux siècles en parlant d'une existence comme celle de saint Martin de Vertou?

Le premier biographe de notre abbé en fait un disciple de saint Félix, évêque de Nantes au VIe siècle, et le second qui était moine de Vertou dans le cours du Xe siècle, au plus tard, répète cette notice sans rien y changer. Voilà le fondement de notre tradition nantaise, et il nous paraît inébranlable surtout quand nous le rapprochons de tous les témoignages qui nous viennent de l'étude des missions, des fondations du grand saint ou des monuments érigés sur ses pas. Ce n'est pas une allégation rencontrée incidemment dans un autre biographe qui pourra changer l'opinion.

Il est raconté dans la vie de saint Vivent, personnage du IVe siècle, qu'en traversant le pays d'Herbauge pour se rendre à Olonne, il fit la rencontre de *saint Martin* près d'un lieu dit *Vertao*. C'était le temps où saint Martin de Tours fondait Ligugé, près Poitiers, et voyageait dans ce diocèse. Rien ne s'oppose à ce qu'on l'identifie avec le saint Martin que rencontra saint Vivent. Dom Chamard refuse d'admettre cette interprétation si naturelle uniquement parce qu'il existe une biographie sortie de la plume d'un auteur fantaisiste qui s'est permis d'ajouter un mot au texte primitif qu'il avait sous les yeux et qu'il croyait obscur[1].

Sommes-nous en présence de l'une de ces découvertes à sensation pareilles à celles des papyrus déterrés dans les pyramides d'Égypte ou dans les tombeaux puniques? Le manuscrit invoqué est-il resté inconnu sur les rayons d'une bibliothèque inaccessible? Nullement. L'abbé Boutin est dans l'erreur quand il fait sonner bien haut l'importance du texte de la vie, portant *Martinus Vertavensis*, conservé à la Bibliothèque nationale. Il y a deux siècles et demi qu'il est publié par Bolland dans ses *Acta Sanctorum*, au 13 janvier; il a été lu par dom Mabillon et dom Lobineau, par dom Morice et par tous les écrivains modernes qui ont commenté les *Vies des Saints*, et personne ne s'est ému des deux passages où l'éditeur trop consciencieux, combinant ensemble les leçons de deux manuscrits, a répété deux fois *Martinus Vertavensis* au lieu de *Turonensis*, tant il paraissait impossible de reporter saint Martin de Vertou au IVe siècle.

Les transcriptions de la vie de saint Vivent ne manquent pas à la Bibliothèque nationale; elles sont de deux sortes. Les unes sont brèves et ne contiennent pas le passage relatif à la rencontre de saint Martin dans le pays d'Olonne : ce sont généralement les plus anciennes[2]; les autres sont développées et font mention d'un personnage nommé *beatus Martinus Vertavensis* qui se serait trouvé sur la route de saint Vivent; ces dernières sont presque toutes postérieures aux premières[3]. Cette diversité de rédaction prouve bien que ce passage a paru suspect à plus d'un copiste et que les plus avisés se sont empressés de l'éliminer. Dès le Xe siècle, il y avait désaccord entre les copistes. Celui du manuscrit conservé au séminaire d'Autun donne à saint Martin, contemporain de saint Vivent, le titre d'*évêque de Vertou*[4]. N'est-ce pas la démonstration de la licence peu respectueuse qui régnait dans les ateliers de manuscrits?

[1] Au lieu de *beatum Martinum*, il a inscrit *beatum Martinum Vertavensem.*

[2] Le numéro 11749, fonds latin, qui est du Xe siècle, est abrégé. Voir encore 5319 et 5341.

[3] Voir les numéros du fonds latin 14652, 17003 et le 13762 qui est du Xe siècle.

[4] «Beatum Martinum episcopum Vertavensem.» (Bibl. du séminaire d'Autun, ms. du Xe siècle.)

On s'est tenu en défiance contre cette leçon avec d'autant plus de raison qu'elle ne figure pas dans tous les recueils. On ne voit pas du tout par quels motifs dom Chamard s'est attaché, avec une préférence aveugle, à un certain manuscrit[1], car il n'a rien de plus recommandable que les autres. Son appréciation est trop indulgente quand il se borne à dire de cette vie que le style en est barbare, il aurait dû ajouter que le style et la composition sont d'un barbare; il n'aurait rien exagéré et il se serait tenu sur ses gardes. Comment notre savant bénédictin ne s'est-il pas aperçu que l'auteur du manuscrit était un ignorant copiste qui n'avait pas la moindre notion de chronologie, qui confond ensemble les événements du IIIe, du IVe et du Ve siècle, et réunit les hommes de ces trois époques sur la même scène? Vivent, personnage du IVe siècle, est témoin tout à la fois de la rage de l'empereur Dèce qui s'emporte contre les chrétiens[2], des luttes de saint Hilaire contre les Ariens et de la mort de l'empereur Justinien II, en 711[3].

Si tous les textes des bagiographes sont sacrés et doivent être admis sans critique, comment dom Chamard va-t-il se tirer d'embarras en présence de ce passage qui prolonge la vie de saint Vivent jusqu'au VIIIe siècle? S'il ne veut pas lui tourner le dos avec mépris, il est exposé à un retour offensif de ses propres armes, alors nous serons fondés à lui répondre que c'est à lui de prouver maintenant que saint Vivent était bien un personnage du IVe siècle, puisque son biographe en fait un contemporain de Justinien II.

La science historique serait condamnée à un doute perpétuel si elle était obligée de tenir compte de tous les racontars insérés dans les vies des saints, de mettre d'accord toutes les contradictions et de respecter leur texte comme des documents historiques infaillibles. L'examen des trois vies de saint Martin de Vertou nous a suffisamment démontré que ces compositions oratoires n'ont aucune des qualités que recherchent aujourd'hui les érudits, pour élucider les problèmes de chronologie et d'authenticité qui se pré-

[1] Bibl. nat., fonds latin 13762.

[2] «Rabies Datiani imperatoris que grassabatur in christianos.» (Bibl. nat., fonds lat. 13762, p. 20.) Les commentateurs embarrassés par le terme Datianus en ont fait un gouverneur d'Aquitaine du nom de Dacien.

[3] «Cumque ibi Viventius degeret, audivit quod Justianinus, imperator nequissimus, gladio esset necatus.» (*Ibidem*, p. 8 v°.) Dans les Bollandistes, il y a la variante suivante : «dum adhuc Vertao degeret» (*loco citato*).

sentent. Saint Vivent n'a pas eu plus de chance que notre abbé de Vertou, il a été encore maltraité par un autre biographe que citent les Bollandistes en lui reprochant aussi son ignorance de la chronologie[1]. Ce défaut était très commun dans le haut moyen âge, par suite de la rareté des livres; il a engendré non moins d'erreurs que la multitude des homonymes qui vivaient à peu près dans le même temps. Les Martins ne manquent pas dans l'histoire des personnages célèbres de l'Église. Outre saint Martin de Tours et saint Martin de Vertou, on connaît saint Martin de Mayence, saint Martin de Bragance, saint Martin évêque de Saintes, saint Martin de Brives, sans compter tous les prêtres qui ont pu porter le même nom par dévotion ou pour se conformer à la mode qui imposait l'usage des noms latins.

Au VIe siècle, à l'époque où saint Félix occupait le siège de Nantes, il y avait trois évêques en Gaule qui s'appelaient Félix; autant de causes d'erreur et de confusion.

Est-il surprenant que, à la distance d'un siècle ou deux, les auteurs se soient égarés et aient attribué à l'un ce qui appartenait à l'autre? Quand je trouve saint Martin de Vertou sur la route de Rome, en compagnie d'un personnage du IVe siècle, je cherche la cause de la méprise et je la trouve dans la vie de saint Martin de Mayence[2].

Les libertés de transcription ont amené aussi bien des confusions, car les textes étaient parfois remplis d'abréviations douteuses à interpréter. Qui sait si le copiste qui nous a légué la leçon *Martinus Vertavensis* n'avait pas sous les yeux l'abréviation de *Turonensis* qu'il n'a pas su traduire? C'est là une supposition très admissible.

L'histoire n'est pas une science à la portée de tous les écrivains et sans embûches pour les novices, elle exige une pratique et une clairvoyance que ne soupçonnent pas toujours ceux qui se servent des textes anciens. Les monastères n'ont pas été constamment peuplés de savants égaux à nos Bénédictins de la congrégation de Saint-Maur; ils étaient plutôt renommés pour leur ardeur à copier *aveuglément* tous les textes qui leur passaient sous les yeux afin de les transmettre à la postérité. A nous maintenant, qui les avons tous

[1] «Etsi quod ad chronologiae rationem attinet haud uno loco indigentem.» (*Vita S. Viventii* apud Boll. Acta SS., januarii XIIIa die, p. 807.)

[2] Henschenius raconte ce voyage au 29 mai. (*Acta Sanctorum.*)

par la sécularisation des bibliothèques, de faire un choix et de marquer d'un signe ceux qui sont entachés d'ignorance.

Deux choses paraissent avoir troublé la clairvoyance habituelle de dom Chamard : *la découverte* du nom de Vertou dans la légende de saint Vivent et la mission confiée par saint Félix, évêque de Nantes, à saint Martin de Vertou sur le territoire de Poitiers. Vivent et Domnin, dit le texte, après avoir rencontré saint Martin à Vertou, demeurèrent deux mois auprès de lui[1]. De là on conclut qu'il s'agit de saint Martin de Vertou, que sa première abbaye fut fondée, au IVe siècle, auprès d'Olonne (non auprès de Nantes) et qu'il associa ces deux saints à sa communauté. Ceci est une hypothèse en l'air qui est contre-balancée par la certitude que nous possédons de l'existence de Ligugé fondée par saint Martin de Tours, près Poitiers, et par la possibilité d'une rencontre entre le saint évêque de Tours et les deux voyageurs déjà cités. Les rédacteurs de la vie de saint Vivent ont commis tant de bévues dans leur composition que nous ne devons pas être arrêtés par le scrupule de les corriger une fois de plus.

Admettons cependant que la relation soit exacte, que la banlieue d'Olonne ait contenu une localité du nom de *Vertou* ou de *Vertau*, au IVe siècle; serons-nous forcés pour ce motif d'y transplanter l'abbaye de saint Martin voisine de Nantes? celle que tous les textes authentiques citent comme la première et datent du VIe siècle? Depuis quand les similitudes de nom ont-elles la vertu de bouleverser l'ordre des faits et des dates? Quand bien même toutes les abbayes, filles de Cîteaux, auraient porté le nom de leur mère, cette usurpation n'aurait altéré en rien la primauté de la maison initiale. Les Châteaubriant avaient, au XIVe sièle, créé une seigneurie de leur nom sur la rive gauche de la Loire, à 25 lieues de leur donjon natal, cela n'empêchait pas les feudistes de reconnaître l'existence du siège principal situé sur la Chère.

D'ailleurs, l'identité de l'appellation vendéenne et de l'appellation de la Loire-Inférieure n'est pas démontrée; de plus, on peut faire remarquer que *Vertou* n'est pas une de ces désignations créées pour une situation unique dans le monde, qui n'a pas pu être

[1] «Perlustrantes Herbedilicam circumquaque provinciam, contigit eis beatum obviare Vertavensem Martinum..... Beatus Martinus Vertavensis sancto sacerdoti Viventio dixit..... duobus apud sanctum morans Martinum Vertao manendo mensibus.» (*Acta Sanctorum*, januarii, 1o tomo, p. 807.)

appliquée à diverses localités. Dans l'histoire de la Campanie, on voit un monastère appelé *Vertavum* ou *Vertanum*[1].

Dom Chamard serait bien embarrassé si on le mettait en demeure de nous décrire le périmètre du *bourg* de Vertou qu'il a trouvé près d'Olonne. S'il avait fait une enquête sur les bords du canal de la Gâchère, il aurait appris des vieillards que les ruines n'existent pas, que le vieux pont établi sur la route de Nantes à Olonne est le seul endroit qui ait pris le nom de Vertou. Notre abbé est allé à Olonne, il y est encore honoré dans la paroisse de l'Île. Serait-il étonnant qu'il ait bâti un pont sur la Gâchère comme il l'a fait sur l'Ognon, près de Grandlieu? Les travaux de ce genre lui étaient habituels. Alors, nous aurions l'explication du nom de Vertou, transplanté des rives de la Loire sur les rives de la mer. Le pont se serait appelé d'abord *pont Saint-Martin de Vertou*, puis par abréviation *pont de Vertou*[2].

N'oublions pas non plus qu'il a certainement existé une fondation monastique de notre abbé dans l'île d'Olonne, je l'ai démontré dans le chapitre de sa popularité et de ses missions en citant la double invocation de saint Jean et de saint Pierre qu'il propageait partout sur ses pas. Cette communauté double, comme toutes celles de ce missionnaire, a laissé dans le sud du pays d'Herbauge un renom qui durait encore au xe siècle, époque où fut écrite la vie de saint Vivent. Le biographe de celui-ci qui n'était pas un clerc très lettré et très érudit, comme nous l'avons vu, et dans la tête duquel tous les siècles se confondaient, arrangea la vie de saint Vivent comme aurait pu le faire un écolier de sixième en utilisant les bruits qui parvenaient à ses oreilles. Il amena en scène saint Martin de Vertou parce qu'il écrivait dans un pays où celui-ci était populaire; après avoir ajouté au texte de la notice primitive, réduit à *Martinus*, l'épithète de *Vertavensis;* il fut obligé ensuite de dire que saint Vivent et saint Martin vécurent ensemble à Vertou. En Touraine, il aurait opéré autrement, saint Martin de

[1] Les *v*, les *u*, les *n* se ressemblent dans les anciens manuscrits, il n'est pas toujours facile de savoir quelle est la localité que le scribe voulait désigner.

«Vertavum in Campania in monte Massico apud Carinulam civitatem.» (Philippus Ferrarius *in Nova topographia martyrologii.*)

[2] Ce pont est à 1,500 mètres du bourg d'Olonne et parallèle au pont du chemin de fer. Des actes du xie siècle et de 1387 font mention de salines dans le *marais de Vertou*, à l'île de Saint-Martin. (*Cartul. de l'abbaye de Talmont*, n° 120, et de l'*abbaye d'Orbestier*, n° 244.)

Tours l'aurait emporté; c'est ainsi que l'on doit expliquer par une interpolation tardive l'introduction des mots *Vertavensis* et *Vertao* dans la biographie naïve de saint Vivent.

Examinons maintenant les difficultés apparentes que soulève la mission apostolique conférée par saint Félix, évêque de Nantes au VIe siècle, à son diacre Martin dans la contrée d'Herbauge, et voyons si le fait est inadmissible.

Déjà Alb. Le Grand, de Morlaix, au XVIIe siècle, avait été choqué de voir que saint Félix commît une sorte d'usurpation à l'égard de son voisin, l'évêque de Poitiers, et il avait tenté d'excuser sa conduite en changeant l'assiette de Nantes, c'est-à-dire en la représentant comme une ville à cheval sur le fleuve, couvrant Rezé aussi bien que la rive droite, et se divisant en deux parties pour aller fonder Herbauge dans les joncs du lac de Grandlieu.

Cette théorie, toute fantaisiste qu'elle est, a séduit si bien dom Chamard qu'il l'a reprise pour son compte et a préféré le verbiage d'un auteur connu depuis longtemps comme un amateur de fables à la précision d'un biographe du IXe siècle.

Dom Chamard soutient que le premier biographe de l'abbé de Vertou se trompe quand il affirme que notre saint est né à Nantes sous la dépendance de saint Félix, il lui paraît nécessaire qu'il soit né à Rezé, sur la rive poitevine de la Loire, dans la partie du diocèse de Nantes qui fut dans le ressort des évêques de Poitiers jusqu'au IXe siècle, pour expliquer ses prédications dans le pays d'Herbauge. « S'il est né à Nantes, dit-il, et qu'il ait été fait archidiacre par saint Félix, on ne voit pas de quel droit, surtout au VIe siècle, l'évêque de Nantes eût envoyé son archidiacre évangéliser le territoire d'une ville importante, située incontestablement dans le diocèse de Poitiers. »

Au point de vue strict du droit canon, il paraît certainement étrange qu'un évêque se permette d'envoyer un missionnaire dans les limites d'un pays gouverné par un évêque voisin; au point de vue pratique, on est forcé d'admettre des tolérances et de supposer des dérogations de principes.

Qui nous dit d'abord que saint Félix n'a pas demandé le consentement de l'évêque de Poitiers avant de lui confier la mission de convertir les habitants du Bas-Poitou? Il n'est écrit nulle part que l'évêque de Nantes investit l'apôtre d'une juridiction complète sur la rive gauche de la Loire. La version la plus vieille ne relate pas qu'il fit acte d'autorité souveraine sur la rive gauche ; son sens est plus général. L'évêque Félix, dit-elle, l'investit des fonctions de diacre et lui confia le soin de tout son diocèse. Ce n'est que plus loin que l'auteur ajoute : *Pars vers la ville d'Herbauge*[1]. L'ordinaire du chantre Elie, qui répète au XIIIe siècle le même fait, laisse place également à toutes les suppositions, aucun passage ne dit qu'il agit sans délégation de l'évêque de Poitiers[2]. Au VIe siècle, es diacres jouissaient, dans certains cas, de prérogatives étendues. Grégoire de Tours parle d'un diacre qui dirigeait l'église du *vicus Iciodorensis* (Izeure)[3].

Saint Martin est allé au devant des infidèles, non pas avec les allures d'un adversaire qui tente de s'agrandir aux dépens de son voisin, mais comme un auxiliaire désintéressé qui combat pour une cause commune. L'évêque de Poitiers s'appelait alors Fortunat, l'ami et l'admirateur de saint Félix, il avait, pour un immense diocèse à diriger, peu de prêtres à sa disposition, ce n'est pas lui qui aurait refusé le concours que lui offrait l'abbé de Vertou.

Si saint Félix n'exerçait pas de juridiction spirituelle sur la rive gauche de la Loire, et n'y possédait pas de diocésains, il paraît assez probable qu'il y avait des domaines et des colons qui lui venaient soit de la mense épiscopale constituée par les rois mérovingiens, soit de son patrimoine familial[4]. Les documents sont là pour démontrer que les évêques d'alors, comme les abbayes, recevaient des biens situés très souvent fort loin de leur résidence habituelle, témoin saint Bertrand, évêque du Mans, qui avait la paroisse de Saint-Julien de Concelle, non loin de Nantes[5]. Il est à présumer que l'évêque de Nantes possédait à son tour, dans la contrée d'Her-

[1] «Felix episcopus eum ordinavit, committens sibi totius parochie curam.» (*Acta Sanctorum*, octobri, x, p. 803.) *Parochia* est pris ici dans le sens de diocèse, abus de langage qui n'est pas rare dans les vieux textes.

[2] «Hic beatum Martinum archidiaconum suum apud Herbadillam ad predicandum direxit.» Ms. in-4°, fol. 38. (Bibl. Sainte-Geneviève, n° 1251.)

[3] *De Gloria confessorum* 29. Voir aussi le Concile d'Elvire (vers 300), 77e canon. «Si quis diaconus regens plebem sine episcopo vel presbytero aliquos baptizaverit, etc.»

[4] Nam quicumque potens Aquitanica rura subegit,
Extitit ille tuo sanguine, luce, parens.
(Fortunati *Opera*, III, 8.)

[5] «Villa vero Nociogilos que est in territorio Pictavo super alveum Ligeris.» (*Gallia christiana*, t. XIV, fol. 116.)

bauge, quelques villas fondées par les Gallo-Romains qui l'obligeaient à visiter, de temps en temps, les populations rurales de la contrée, et que, témoin de la grossièreté de leurs mœurs, il avait ainsi conçu le projet de les amener au christianisme. Ce n'est pas une pure conjecture que j'émets.

La charte de confirmation des biens de l'évêché de Nantes, signée par Louis le Gros, en 1126, est composée sur des textes empruntés à des diplômes mérovingiens et carolingiens, or, dans l'énumération qu'elle nous donne des possessions de la rive poitevine, figure l'abbaye de Vertou qui, en 1126, n'existait plus qu'à l'état de prieuré dépendant de Saint-Jouin. J'y vois encore le *Boupère*, *Aisenay*, le *Puy Saint-Bonnet*, trois paroisses qui n'ont jamais été comprises dans le ressort cédé au diocèse de Nantes au IXe siècle[1]. Comment se fait-il qu'un roi de France reconnaît aux évêques de Nantes, au XIIe siècle, des droits de propriété ou de juridiction sur des terres situées dans un évêché voisin? Voilà certainement un fait étrange et inexplicable, si l'on n'admet pas qu'il existait d'antiques donations imposant le respect, et à l'aide desquelles le siège épiscopal de Nantes prétendait conserver des enclaves chez son voisin. A une époque où le droit de propriété se confondait avec le droit de juridiction, on comprend très bien que les évêques de Nantes se soient autorisés de leurs titres fonciers pour pénétrer dans le diocèse de Poitiers.

Essayons de rétablir l'ordre des faits comme nous l'entendons. Saint Martin est allé d'abord évangéliser les colons de saint Félix, et, peu à peu, avec l'agrément de l'évêque de Poitiers, il a étendu ses courses apostoliques dans les alentours, et il est devenu ainsi, de proche en proche, le rénovateur de la foi chrétienne dans le pays d'Herbauge. Le champ d'action de l'abbé de Vertou, limité d'abord au temporel de la dotation des évêques de Nantes, s'est étendu peu à peu aux domaines qui furent donnés d'abord à l'établissement de Vertou, puis à ceux de Durinum (Montaigu), enfin aux terres de l'abbaye d'Ansion (Saint-Jouin). Ces titres de concession royale ont existé, ils ont été vus par le second biographe de saint Martin qui nous raconte comment le roi Dagobert en fit bon

[1] «Abbatiam S. Johannis et S. Martini Vertavensis... Asinesium, ecclesia S. Petri de Alba Petra, ecclesia S. Boniti.» (Dom Morice, *Histoire de Bretagne*, *preuves* I, col. 547-549.

marché dans sa cupidité[1]. Ce roi, dit-il, envoya un officier qui annexa au fisc royal la moitié des plus belles métairies de l'abbaye[2].

Ailleurs, il rapporte encore que l'on peut étudier les faits de l'administration de l'abbé Launegésile (VIIe siècle) en lisant les diplômes des archives. L'existence de ces vieux actes, sur laquelle j'insiste parce qu'elle atteste en même temps l'époque de cet abbé dont on a voulu faire un prédécesseur de saint Martin, est aussi affirmée dans une autre circonstance; c'est lorsque les religieux de Vertou fuyant avec le corps de leur abbé, au IXe siècle, arrivent à Saint-Jouin, abbaye sœur de Vertou, et se voient dépossédés par des chanoines qui ont pris leur place. Ils n'ont pas pu solliciter leur rétablissement sans mettre sous les yeux de Pépin II, roi d'Aquitaine, les diplômes de leurs prédécesseurs. Ces diplômes pouvaient être des actes de grande générosité[3].

Nous avons donc beaucoup de motifs de croire qu'au moment de l'extension des limites du diocèse de Nantes sur la rive poitevine, il existait déjà de nombreuses enclaves dépendantes, depuis un siècle ou deux, de l'autorité temporelle ou spirituelle des évêques de Nantes ou des abbés de Vertou, exception qui était bien dans les mœurs du temps, car nous la retrouvons aussi dans l'histoire de Saint-Florent-le-Vieil. Le territoire de cette abbaye, comprenant le Marielais, formait une enclave indépendante de toute autorité épiscopale (*nullius diocesis*).

La vie de saint Martin de Vertou n'est pas la seule qui ait mis à l'épreuve la science critique de nos bénédictins; saint Généroux, sur lequel on ne savait presque rien, est venu à son tour les plonger dans une grande perplexité quand ils ont voulu mettre d'accord les rares textes qui le citent. Suivant la vie de saint Patern, évêque d'Avranches, il aurait été abbé d'Ansion au temps où saint Patern et saint Scubilio, son ami, y prirent l'habit religieux; or ces per-

[1] *Acta Sanctorum*, octobri, X, p. 811.

[2] Si saint Martin est du IVe siècle, il n'y a plus place pour les diplômes de nos rois mérovingiens.

[3] Qui nous dit que Clovis et Clotaire n'ont pas donné à Vertou ou à l'évêché de Nantes les villes d'Olonne, d'Ansion, de Durinum et bien d'autres? «Venerabilis Bricius, Nanneticæ sedis episcopus, presentiam nostram adiit et præcepta antiquorum et venerabilium Francorum regum Caroli, Clodovei et filii ipsius Clotarii attulit et ostendit.» (*Charte de Louis le Gros*, dom Morice, *preuves* I, col. 547-549.)

sonnages sont morts vers 565 [1]. D'autre part, un vieux *lectionnaire* de la même abbaye inscrit saint Généroux parmi les contemporains de Constantin III et de Childebert, arrière-petit-fils du roi Dagobert, c'est-à-dire qu'il le reporte au VIIe siècle [2].

En critique, une vie de saint dont le rédacteur est plus ou moins lettré (nous le verrons), ne vaut pas un recueil officiel tel qu'un *lectionnaire* de communauté sur lequel on enregistrait, sous les yeux de l'abbé, les informations à transmettre à la postérité. Je suis surpris que Mabillon, le grand érudit, se soit laissé impressionner par la vie de saint Patern (qui peut être fautive et conjecturale sur un point de chronologie) et ait adopté une correction d'après laquelle saint Généroux est reporté du VIIe siècle à la première moitié du VIe [3].

Cette question ne nous est pas indifférente : elle touche à la rédaction de la liste de nos abbés de Vertou et se trouve liée aux difficultés qu'on a soulevées à propos de l'époque où vécut notre saint Martin.

Saint Généroux passe, à tort ou à raison, pour un disciple de Launegésile qui figure parmi les meilleurs administrateurs de l'abbaye de Vertou, et qui, par conséquent, doit être compté comme un continuateur de la mission de saint Martin, et non comme un précurseur. Si ces deux personnages sont déplacés dans l'ordre des temps, le fondateur de Vertou cesse d'être un disciple de saint Félix.

Il importe donc de bien préciser les détails biographiques qui nous sont parvenus sur ces deux personnages. Avant tout examen et *à priori*, le lectionnaire d'Ansion me paraît le plus près de la vérité historique pour un motif qu'on va apprécier. Jusqu'à une certaine date, la physionomie des noms est uniforme, elle rappelle tantôt le grec, tantôt le latin. *Launegésile* n'est pas de la période gallo-romaine, il détonnerait au Ve siècle à côté de noms tels que Generosus, Paternus, Hilarius, Licinius, Innocens; au contraire, il est bien à sa place dans les temps postérieurs. Qu'on parcoure toutes les listes d'évêques et d'abbés antérieures à Clovis, on ne trouvera pas

[1] *Vita sancti Paterni.* (*Acta Sanctorum*, Xa die julii.)

[2] Ce lectionnaire nous est connu par la citation de dom Mabillon. (*Acta S. O. S. B.*, sæc. II, p. 1102.)

[3] *Acta sanctorum ord. S. Benedicti*, sæc. I, p. 661, et sæc. II suppl., p. 1102. Cet auteur omet de nous citer le texte relatif à la prise d'habit de saint Généroux qui ne paraît pas avoir eu de biographe.

un seul nom mérovingien, tandis qu'après son avènement, sous ses fils, on voit apparaître beaucoup de nouveaux venus de la race franque tels que Bertulfus, Tetbertus, Badegesilus, Herlemundus; Launegesilus est de la même souche.

Telle est la petite leçon que nous donne en passant la philologie.

Dom Chamard et M. l'abbé Boutin mettent avant toute considération l'interprétation littérale des textes et n'admettent pas la moindre correction quand il s'agit de certains auteurs qui leur sont chers; mais on va voir que, dans d'autres circonstances, ils n'hésitent pas à paraphraser ceux qui dérangent leur système préconçu. Comparez avec leur récit ce que dit le biographe de saint Martin de Vertou, moine de l'abbaye au xe siècle, au sujet de Launegésile. Après avoir parlé de l'if merveilleux qu'on allait visiter à Vertou quand on souffrait de la fièvre, il ajoute en résumant l'histoire du monastère :

« Ce lieu jouit d'une longue prospérité et fut dirigé par des abbés très dévoués, jusqu'au jour où la rage des païens le bouleversa[1]. Au nombre de ces abbés, j'en citerai un du nom de Launegésile dont on pourra mesurer l'habileté et la sage administration en lisant le texte de nos diplômes. »

Il n'y a pas un mot qui autorise les traducteurs à en faire un prédécesseur de notre abbé saint Martin; j'y vois au contraire un terme *præcepta* qui est emprunté à la chancellerie mérovingienne et qui dénote que *Launegésile* vivait au temps où la monarchie franque était organisée, ce qui nous reporte à la fin du VIe siècle. Écoutez maintenant M. l'abbé Boutin :

« L'abbaye de Vertou fondée par saint Martin fleurit *per multa temporum curricula*, après quoi elle eut pour père Launegesile[2]. »

Le contresens est très grave dans ses conséquences parce que Launegesile ayant vécu au VIIe siècle, il en résulte que saint Martin se trouve transporté inopinément dans des temps antérieurs et cesse d'être un contemporain de saint Félix. Les mots *multa temporum*

[1] « Locus autem idem per multa temporum curricula nobilissime floruit, patresque strenuissimos habuit, donec ex permissu pii judicis paganorum immanis rabies excrevit; ex quibus patribus unus fuit *Launegesilus* cujus industria et sagacis animi sollicitudo legenti *preceptorum* nostrorum tenorem lucide poterit esse manifesta. » (*Acta Sanctorum*, octobri, x, p. 811.)

[2] *Semaine religieuse du diocèse de Luçon* de 1895, mois de décembre.

curricula représentent les deux siècles et demi qui s'écoulèrent entre la fondation (vers 568) et l'irruption des Normands (843). Pendant ce laps de temps, la direction du monastère passa entre les mains de plusieurs abbés, au nombre desquels on doit faire figurer *Launegésile* comme un administrateur habile qui dut, par des négociations avec les puissants, constituer la dotation des établissements d'Ansion, de Durinum et de Vertou.

Les objections qui jettent le trouble dans la succession des abbés de Vertou ayant été écartées, et le VIe siècle étant la seule époque où les témoignages de toute sorte nous permettent de fixer l'existence de notre saint Martin, essayons encore, par des déductions plus précises, de déterminer les dates extrêmes entre lesquelles s'est renfermée sa mission.

Nous avons comme point de départ l'épiscopat de saint Félix, dont les actes ont eu un certain retentissement jusqu'à Poitiers et à Tours[1]. On a la preuve qu'il a occupé le siège de Nantes de 550 à 583. C'est dans le cours de ces trente-trois ans que saint Martin est parti à la conquête du pays d'Herbauge : le fait est avéré par la phrase du biographe qui met dans la bouche de Félix ces paroles : *Vade ad urbem Herbadillam.*

En 568, un grand événement se produisit à Nantes. La cathédrale achevée et splendidement décorée n'attendait que sa consécration. En présence des évêques de la province de Tours assemblés pour la cérémonie, le monument fut solennellement placé sous l'invocation de saint Pierre. De plus, nous savons que le baptistère, fondé dans la cour actuelle de l'évêché, était dédié à saint Jean-Baptiste. Il est assez curieux de constater que partout où saint Martin a séjourné, les deux mêmes saints se trouvent accouplés dans chaque fondation monastique. Je le répète, j'incline à croire que le diacre Martin fut vivement impressionné par ce spectacle et que sa prédilection pour saint Pierre et saint Jean a pris naissance à Nantes. En relisant l'histoire des sanctuaires renommés, on verrait que leur dédicace a fait naître une foule d'invocations analogues à celles qu'ils portaient. Il est donc très douteux que saint Martin ait commencé ses entreprises avant cette consécration de 568.

M. Hauréau, sans citer ses sources et sans exposer ses raisons, dit

[1] Voir les œuvres de Fortunat et de Grégoire de Tours.

que saint Félix aurait consacré l'église de Vertou en 577 et lui aurait imposé saint Jean-Baptiste pour patron [1]. Pourquoi cette année précise? Il est fâcheux qu'aucun titre ne vienne étayer l'assertion.

Les auteurs qui ont parlé de la mort de saint Martin de Vertou n'ont pas été en mesure de produire autre chose que des conjectures; aussi trouve-t-on parmi eux de nombreuses divergences. Alb. Le Grand propose l'année 589, Ménard, Mabillon et Bulteau, l'année 600, le Propre nantais et Baillet l'année 601, dom Lobineau, l'intervalle compris entre 625 et 630. Ce qui est certain, c'est que l'apostolat a embrassé une multitude de paroisses, et que, forcément, on doit lui supposer une durée assez longue. On peut croire, sans crainte d'errer, que cet apôtre a vu les premières années du VIIe siècle. Il y a, dans tous les cas, un terme qu'il ne faut pas franchir, c'est le règne de Dagobert, date de la spoliation commise par ce prince au détriment des moines. La chronique de Frédégaire fixe à l'année 629 cette usurpation [2]. Comme la communauté était alors en pleine prospérité, il est à croire que son existence comptait déjà au moins trente ans de durée.

La chronologie, l'archéologie et l'histoire sont donc d'accord pour confirmer notre confiance dans le texte de la vie de saint Félix, lorsqu'il nous rapporte que notre saint Martin fut le contemporain du grand évêque qui acheva la cathédrale de Nantes. J'ajouterai que la légende d'Herbauge elle-même, toute fabuleuse qu'elle est, peut être invoquée comme un témoignage contre ceux qui veulent antidater de deux siècles l'apostolat de saint Martin. Les légendes ne sont jamais créées de toutes pièces, elles reposent toujours sur un événement quelconque qui en a favorisé l'éclosion. Ce n'est pas sans motif qu'on a attribué à saint Martin le renversement d'une ville. Le VIe siècle est une époque de cyclones, de tremblements de terre, de tempêtes et d'ensevelissements. Les engloutissements de la baie du Mont-Saint-Michel sont antérieurs à 700. A Niort, la majorité des historiens enseigne que la mer s'est retirée de la vallée au VIe siècle, et que le marais de Luçon n'est pas antérieur. Sur cette question, l'historien Aimoin est d'une précision étonnante dans son chapitre XXXII intitulé : *De inundatione aquarum, tempestate cæli, terræ motu et prodigiis multis* [3]. Il affirme que, vers 580, l'inondation fut

[1] *Gallia christiana*, XIV, p. 843.

[2] *Historiens de France*, dom Bouquet, t. II, p. 437.

[3] Dom Bouquet, t. III, p. 83.

supérieure aux précédentes; le vent du sud fut si violent qu'il renversa des forêts. Il n'en a pas fallu davantage pour inspirer les conteurs de légendes. En voyant tous les éléments déchaînés, le peuple rebelle aux prédications de l'Évangile était porté de lui-même à se représenter saint Martin de Vertou comme le provocateur des vengeances du Ciel.

V

Saint Martin de Vertou et ses biographes.

On peut s'aventurer jusqu'à dire qu'il n'a pas existé de vie de saint Martin de Vertou, j'entends une relation étendue de sa vie telle que nous la souhaiterions pour être édifiés sur toutes ses entreprises. Ses biographes, dès le IXe siècle, en étaient réduits à puiser dans leur imagination les faits qu'ils exposaient, et ceux qui étaient le mieux placés pour être renseignés, comme les religieux de ses abbayes de Vertou, d'Ansion[1] et de Saint-Georges-de-Montaigu, n'avaient pas de quoi contrôler ou rectifier ce qui se racontait au loin. Les archives et la bibliothèque du monastère de Saint-Jean de Vertou n'avaient pas souffert plus que les collections d'Ansion, à la fin du IXe siècle, car le second biographe parle comme un témoin qui a des recueils de titres originaux sous la main. Il cite un *Recueil de miracles* rédigé par un archidiacre... de Nantes sans doute, et renvoie le lecteur aux diplômes royaux de l'abbaye d'Ansion s'il veut être éclairé sur les faits de l'habile administration de Launegésile qui passe pour le successeur de saint Martin de Vertou. Ni Grégoire de Tours, qui pourtant était au courant des événements de son temps, ni Fortunat, évêque de Poitiers, dans le ressort duquel notre abbé de Vertou travaillait à la conversion des populations, n'ont écrit la moindre ligne sur ses courses apostoliques. J'en tire cette conclusion que saint Martin n'est arrivé à la célébrité qu'au commencement du VIIe siècle, ou pendant l'extrême vieillesse de ces deux écrivains, et alors il n'a pas vécu aussi tôt qu'on le croit généralement, ou bien sa vie a été celle d'un ana-

[1] Ansion a été remplacé par le nom de Saint-Jouin-de-Marnes (Deux-Sèvres).

chorète dont le temps a été absorbé surtout par la méditation et la direction des communautés religieuses.

Ce que j'ai raconté de ses missions et de sa popularité aurait pu servir de thème à de longs récits, si un second Sulpice Sévère s'était attaché aux pas de ce nouveau Martin.

Personne n'ayant pris la tâche de rédiger par écrit le journal de ses travaux, il paraît tout au moins certain qu'une brève notice a été écrite après sa mort par ses religieux, et qu'elle fut adressée aux principaux monastères de l'ordre de Saint-Benoît pour les informer de sa disparition, sous la forme qui fut adoptée plus tard dans l'institution des *Rouleaux des morts.* En quelques lignes, les mérites du personnage défunt étaient retracés sur un parchemin qui circulait de main en main. On va voir que les compositions historiques qui nous sont offertes sous le titre pompeux de *vies de saint Martin de Vertou* n'ont pas d'autre embryon que ce bout de parchemin.

L'histoire littéraire du moyen âge nous offre beaucoup d'exemples du sans-gêne avec lequel les auteurs se livraient aux amplifications pour grossir leurs volumes; cependant on ne saisit pas toujours très bien la limite qui sépare le fait positif de la rhétorique du temps, tandis que dans notre *Vie de saint Martin*, il est facile de toucher du doigt le procédé de l'écrivain [1].

Il est visible que nous sommes en présence d'un commentaire enveloppant un thème primitif très concis que j'essaierai de dégager de toutes les additions et paraphrases. C'est une analyse indispensable puisque la première vie a été l'unique source d'information de tous les auteurs qui ont parlé de saint Martin de Vertou. Avant d'entrer dans le détail des anachronismes et des invraisemblances, rappelons les circonstances difficiles au milieu desquelles ont été composées beaucoup de vies de saints; autrement nous n'arriverions pas à mesurer exactement le degré d'indulgence qu'il convient d'accorder aux écrivains en question.

Avant l'an mille, les bibliothèques étaient peu volumineuses, les correspondances peu étendues, l'instruction très bornée, même dans les monastères, et le public peu exigeant. Le livre principal, le plus vulgaire et le plus lu, était la Bible, l'Ancien et le Nouveau Testament, qui résumait alors la somme des connaissances humaines

[1] La vie de saint Benoît, prêtre et confesseur, est, suivant le Père de Buck lui-même, un tissu d'absurdités. (*Acta Sanctorum*, octobri, x, p. 153.)

et paraissait le type le mieux fait pour servir de modèle aux écrivains. L'érudition et la critique n'existaient pas et ne pouvaient pas exister, puisque ce sont des sciences qui supposent un long état de civilisation cultivée; le souci de laisser des documents absolument véridiques aux historiens de l'avenir était également absent. Quand un auteur écrivait la vie d'un saint, il le traitait comme un sujet exclusivement pieux, une question d'esthétique qu'on développe à sa guise, de la façon la plus propre à séduire les auditeurs, et tendant toujours à rapprocher son héros le plus possible de la vie du Christ telle qu'elle est racontée dans l'Évangile. Pour qu'une vie de saint eût quelque chance d'être écoutée des générations naïves des temps carolingiens, il fallait que le personnage vanté eût à son actif la guérison d'un sourd, d'un lépreux, d'un aveugle et d'un muet, qu'il eût marché sur les eaux, passé un fleuve à pied sec, qu'il eût fait jaillir l'eau d'un rocher, chassé les démons de sa présence, jeûné dans le désert, ou tout au moins dompté les bêtes féroces comme Orphée.

Quelques-uns, craignant d'être accusés de publier des banalités, ont rajeuni leur thèse en feuilletant les vies de saints célèbres pour leur emprunter les traits les plus capables de frapper d'étonnement leurs lecteurs, ce sont les plus raffinés.

Le goût du merveilleux n'est pas du reste une faiblesse propre à l'époque naïve du moyen âge, il s'est perpétué jusqu'aux temps modernes avec une ténacité telle que la véritable histoire fondée sur les documents est souvent impuissante à détrôner parmi nous les inventions les plus fantastiques de la légende. Albert Le Grand de Morlaix, qui le premier a composé un recueil de nos vies de saints bretons, vivait sous le règne de Louis XIII, et pourtant il n'a rien changé à la méthode des vieux légendaires; il a répété en langue vulgaire ce que les autres avaient dit en latin, et quand certains passages lui semblaient obscurs, il ne s'est pas gêné pour dépenser toutes les ressources de son imagination comme pourrait le faire le premier conteur venu. La naissance fortuite d'Herbauge au milieu des joncs du lac de Grandlieu, et sa colonisation par les exilés de Rezé ou de Nantes, est une fable créée par lui de toutes pièces. Qu'on ne vienne donc pas nous le présenter comme un écho fidèle de toutes les vieilles traditions. Ce n'est pas un historien, c'est un charmant conteur qui n'est pas toujours assez ingénu. Pourquoi citer des chroniques qui n'existent pas et sacrifier la vérité à l'amour des étymologies comme dans l'exemple suivant? Qu'on rapproche le texte d'Albert Le Grand de celui du premier biographe, on mesurera mieux l'ampleur de sa faculté d'invention. « La tradition porte, dit-il, qu'avant que Jules César eust conquis les Gaules, la ville de Nantes estoit bastie de part et d'autre de la rivière de Loire et estoit plus grande et peuplée du costé du Midy que du costé du Nord [1]. »

Il raconte ensuite que les habitants de Nantes méridionale, ayant encouru la colère de César pour avoir adhéré au parti des Vénètes, furent contraints de s'exiler, et assistèrent à la ruine de leur ville qui fut *rasée*, d'où le nom de *Rezé*. Les habitants exilés allèrent « fonder dans les joncs, pavots et herbes aquatiques » une nouvelle ville qui prit le nom d'*Herbadilla*. Elle s'accrut tellement en six cents ans qu'au temps de saint Martin « c'estoit une des plus grandes, riches et florissantes de Bretagne [2] ».

Si l'on refuse d'admettre ces prémisses, à savoir que la légende, la fiction et la fable ont régné en maîtresses pendant trop longtemps dans notre littérature sacrée, il est impossible de rien tirer d'instructif des compositions insérées dans l'immense collection des Bollandistes, connue sous le titre d'*Acta sanctorum*, et de démêler les énigmes historiques et géographiques qu'elle renferme. Au contraire, en se plaçant au point de vue que j'indique, c'est-à-dire en considérant les hagiographes antérieurs à l'an mille comme des orateurs chargés simplement de perpétuer la mémoire des services rendus par les principaux personnages ecclésiastiques, alors la lumière se fait dans le chaos des contradictions et des invraisemblances, et l'on parvient à faire nettement la part de la réalité.

Il y a trois biographies de saint Martin de Vertou, écrites à trois époques différentes : la première ou la plus ancienne n'est pas difficile à reconnaître car, en résumé, quand on les rapproche les unes des autres, il est sensible que la plus courte, la plus sobre de détails a servi de modèle aux deux autres. La seconde biographie se trouve datée par les passages où l'auteur nous révèle qu'il a connu des témoins des invasions normandes; or comme elle nous répète le texte de la première, il est vraisemblable que la plus vieille est au moins du IXe siècle, tandis que l'autre serait du Xe.

[1] Voir la vie de saint Martin de Vertou. (Albert de Morlaix, *Vies des saints de Bretagne*, 3e édition, p. 645 et suiv.)

[2] *Ibidem.*

La première vie nous a été conservée par un manuscrit de la bibliothèque de Saint-Sauveur de Trèves, et je ne suis pas surpris qu'il faille aller si loin la chercher, car l'auteur lui-même pourrait bien être un étranger établi non loin des bords du Rhin. S'il avait été voisin de la Loire, il aurait accumulé moins d'erreurs dans sa composition historique. Il est facile de montrer qu'il ne connaissait pas la géographie du pays parcouru par notre saint Martin, que les localités ne représentaient rien pour lui, et qu'il a brodé sur chaque nom de lieu une légende absolument fantaisiste. A défaut de correspondant, il appelle à son secours l'étymologie des mots et forge une histoire conforme au sens qu'il leur attribue.

Pour nous, elle révèle que l'écrivain ne possédait pas de notions précises. Un auteur armoricain du IXe siècle nous aurait dit que saint Martin s'était illustré *in pago Namnetico vel Pictavo*, et il aurait placé Nantes sur la Loire.

Mais le trait qui nous dévoile le mieux son ignorance et la fécondité de son imagination, c'est le passage où il nous expose en détail le voyage de notre saint à Herbauge et la submersion de cette ville[1]. Le texte qu'il avait sous les yeux portait que le saint avait été envoyé par saint Félix dans le pays d'Herbauge pour évangéliser les habitants : *in Herbadillam regionem*. Cette contrée lui étant inconnue comme toute la géographie du Poitou, il en a fait une ville, et alors il se trouve entraîné à nous la décrire et à fournir quelques développements qu'il emprunte à la Bible en opérant quelques changements.

Dans la vie de saint Guenolé[2], il est question aussi de ville ensevelie sans plus de motif peut-être qu'ici, par suite de cette tendance littéraire de l'époque de chercher des inspirations dans la Bible. Toutes les villes impies devaient disparaître de la même façon que Sodome et Gomorre.

Nantes est pour lui située en *Neustrie*, et ailleurs il ajoute encore que la renommée de saint Martin de Vertou a retenti dans toute la *Neustrie*. Faut-il en conclure avec les Bollandistes qu'il a écrit son récit avant l'envahissement des Bretons de Nominoë, en 851, et avant la conquête de la Normandie par Rollon (911). La déduction n'est pas rigoureuse, car il n'est pas du tout démontré que l'on ait

[1] Sur les villes englouties, voir Sebillot, *Traditions de la haute Bretagne*, t. I, p. 361, et *Légende de la Mort*, p. 253.

[2] *Acta Sanctorum*, 3 mars, p. 55.

cessé brusquement d'employer l'expression de *Neustrie.* On peut citer, au contraire, des textes desquels il ressort qu'elle n'était pas tombée en désuétude au XIe siècle[1].

Sous la plume d'un Austrasien, le terme de *Neustrie* n'a pas l'importance que lui prêtent les commentateurs quand ils essaient d'en tirer une indication sur l'époque de la rédaction.

Voyez comme il est mal inspiré dans ses explications : Herbadilla, dit-il, est *contiguë* à Nantes, ou, si l'on veut, très voisine; il ajoute que d'abondantes provisions lui arrivaient par mer et par la Loire; cette ville a donc un port. On ne peut pas désigner plus clairement Rezé pour ceux qui ont un peu l'habitude de notre géographie ancienne; c'est le seul emplacement *contigu à notre chef-lieu* qui ait conservé dans son sol des vestiges de port sur la rive poitevine. Mais l'identification d'*Herbadilla* avec *Rezé* n'est pas possible, attendu que celle-ci a un nom parfaitement établi dans les géographies. Son périmètre est déterminé par les fouilles, et sa durée jusqu'au IXe siècle, attestée au moyen des monnaies[2].

Le second biographe a si bien senti là une impossibilité, qu'il s'est retourné d'un autre côté dans son commentaire et a jeté ses vues sur le *lac de Grandlieu* qui lui semblait plus adapté à l'hypothèse d'une catastrophe. Il ne nomme pas *Grandlieu*[3], mais il est visible qu'il y pense quand il nous dit : «La terre s'entr'ouvrant et la mer s'élevant du fond des abîmes, les sommets les plus élevés des temples et les maisons furent enfouis sous les eaux, et ce lieu devint un réservoir abondant de poissons[4]».

Voilà évidemment un passage qui a dû servir de prétexte à l'introduction de la vieille légende celtique du lac de Grandlieu dans la vie de saint Martin. Pour ensevelir des temples et de hautes murailles, il faut non pas un fleuve, mais une vaste étendue d'eau, des abîmes profonds ou mystérieux, et alors notre immense lac a

[1] Adrien de Valois cite des textes d'Adrevald (*De miraculis S. Benedicti*, XXXIII), de Guillaume de Jumiège (*De gestis Normannorum*, II) et d'Aimoin de Fleury, qui montrent que ces auteurs appliquent le nom de Neustrie au pays situé entre la Seine et la Loire (*Notitia Galliarum*, p. 373).

[2] Léon Maître, *Les villes disparues de la Loire-Inférieure*, t. II, 1re livraison.

[3] Ce lac est à 5 lieues au sud de Nantes.

[4] «Terra dehiscens a conspectu superno jussa discedere fuit, pontusque surgens ab imo alta murorum fastigia seu templorum culmina dicto citius complanavit; operuit eam abyssus, facta est ferax piscium.» (*Acta Sanctorum*, p. 808.)

paru le seul lieu capable de concourir à cet enfouissement colossal. Cette diversité de rédaction dans les deux écrivains les plus rapprochés de l'événement prouve clairement que la tradition relative à la disparition subite d'une ville nommée *Herbauge* était éclose de fraîche date et flottait incertaine dans le cerveau de quelques pieux érudits, autrement nos deux hagiographes n'auraient pas manqué de nous édifier sur son emplacement avec les termes précis qu'ils emploient pour désigner le passage de la Sèvre, la retraite de saint Martin et le nom primitif de la Sèvre; car il est à remarquer qu'ils se piquent d'être bien renseignés et véridiques.

Après avoir raconté comment la ville maudite et impie fut ensevelie sous ses ruines, le premier hagiographe veut ajouter un peu de couleur au tableau en nous donnant le nom du chef de famille que saint Martin sauva en reconnaissance de sa bonne hospitalité. Il ne peut pas l'appeler Loth, la fraude serait trop visible; il lui donne le nom de *Romain*. Cette appellation était facile à trouver, cependant je ne crois pas qu'elle soit sortie de son cerveau. Elle a toute l'apparence d'un emprunt fait à la vie de saint Martin de Tours, dans laquelle on lit que ce grand thaumaturge ensevelit de ses mains un saint Romain. En effet, il serait surprenant que les deux saints Martin aient rencontré sur leur chemin deux Romains.

Quand une fiction est écrite quelque part et de plus imprimée, elle a grande chance d'être répétée indéfiniment et de s'imposer comme un événement réel. C'est ainsi qu'après le naïf Albert Le Grand, dom Chamard s'est cru forcé de parler lui aussi de la fantastique cité d'Herbauge dans un ouvrage d'érudition, et va jusqu'à insinuer qu'elle pourrait bien être sur les bords de la mer, du côté d'Olonne[1].

Notre saint, suivant le même auteur, contrit et repentant d'avoir causé la destruction d'Herbauge en appelant la malédiction de Dieu sur elle, se retira dans une forêt qu'il appelle *Dumen*, et dont il précise en quelque sorte la situation en nous disant simplement que le saint en sortit pour se rendre à Vertou[2]. On en a conclu tout naturellement que cette solitude boisée s'étendait sur les confins de Vertou et qu'elle devait se confondre avec la grande forêt de Touf-

[1] *Origines de l'église de Poitiers*, 1 vol. in-8°, Poitiers, 1874, p. 350.

[2] «Igitur a sylva quam Dumen vocant ad locum qui nunc Vertavus dicitur, properavit.»

fou, ce qui pouvait être admis d'autant mieux que le pays est demeuré très boisé jusqu'à notre époque. La difficulté n'est pas là, elle gît dans le changement de *Dumen* en Touffou. Si on en fait un nom breton, *Du Men*, on a la *Pierre Noire*, or jamais les titres n'ont appliqué ce nom à notre forêt de Vertou. On sait d'ailleurs que les noms des forêts et des cours d'eau ne changent guère. Si Dumen avait été adopté au IXe siècle, il serait demeuré dans la toponymie du pays.

Le second biographe de notre saint, qui était moine de Vertou et qui, par conséquent, devait connaître la topographie de la contrée, en paraphrasant le passage relatif à cette retraite de *Dumen*, a pressenti que ce nom embarrasserait les commentateurs futurs, et ajouté trois mots qui font la lumière sur la question. A son avis, saint Martin en quittant la solitude est venu d'un lieu très éloigné pour se rendre à Vertou, *remotissimis digressus partibus*. Telle est l'opinion d'un auteur du IXe siècle sur ce problème géographique. La forêt de Dumen n'était pas dans le bassin de la Loire inférieure puisque l'abbé venait de très loin.

L'appellation de *Dumen* aurait-elle été inventée par notre hagiographe? Je ne le pense pas, je serais plutôt tenté de croire qu'il a été la victime d'une erreur ou d'une réminiscence imparfaite. Dom Lobineau déjà pressentait un emprunt à une autre vie de saint. Dans la seconde moitié du VIe siècle, il existait en Galice un évêque du nom de Martin qui fonda, dit saint Isidore, plusieurs monastères dont le plus célèbre porte le nom de *monasterium Dumiense*, près de Brague[1]. Il est fort possible que cette appellation de *Dumie* dérive d'une forêt nommée *Dumen*, le fait est même très vraisemblable. Ce prélat avait un grand renom parmi ses contemporains, puisque Fortunat, évêque de Poitiers, chante ses louanges dans ses vers. On peut croire que notre auteur a eu sous les yeux une notice sur les deux saints homonymes, celui de Galice et celui de Vertou, et qu'il a attribué à l'un ce qui appartenait à l'autre dans sa rédaction. Je ne vois pas d'autre explication à l'introduction de ce nom étranger dans notre géographie de la basse Loire[2].

Veut-on une nouvelle preuve de l'esprit d'invention et de l'in-

[1] «Qui quod Dumiense condiderit et incoluerit monasterium, etiamnum Dumiensis appellatur.» (*Acta Sanctorum*, die xxa martii).

[2] *Acta Sanctorum*, martii die IIIa, p. 86. Saint Martin de Dumies est mort en 580.

géniosité de notre auteur? Lisez ce qu'il raconte à propos de la Sèvre, rivière qui arrose Vertou, et qu'on appelle en latin *Separa* ou *Separis*, vieux nom celtique comme *Sequana* et *Isara*. Il en a fait une désignation récente destinée à rappeler le *miracle de la séparation des eaux* qui s'opéra devant les moines de Vertou lorsque fuyant avec le corps de leur abbé, ils étaient sur le point d'être atteints par leurs confrères de *Durinum* (Montaigu), chez lesquels il était mort. Nos anciens auteurs n'étaient pas assez clairvoyants en étymologie pour apercevoir la faiblesse de ce raisonnement; ils étaient de bonne foi, je crois, quand ils se laissaient séduire par ces apparences trompeuses. On croyait, d'ailleurs, que les scènes de l'Ancien et du Nouveau Testament étaient destinées à se renouveler sans cesse sur la face du monde.

Il est heureux de rencontrer sous sa plume ce terme de *Separa*; il s'en sert comme d'un argument pour prouver la réalité du miracle qu'il annonce, puisque la rivière en a perdu son nom, il va jusqu'à soutenir qu'avant ce grand événement de la séparation des eaux de la Sèvre devant le corps de saint Martin, la rivière se nommait *Laudosa*, terme qui se traduirait par l'Oise. Ici l'invention est tellement audacieuse que je suis obligé de me récrier et de dire que la mesure de ce qui est permis est dépassée.

Les détails de la scène de cet enlèvement du corps de saint Martin de Vertou pendant le sommeil des religieux de Montaigu ne sont pas de la composition de notre biographe; c'est un lieu commun emprunté à la littérature du temps, et dont on se servait pour témoigner de l'attachement des communautés à leur patron ou à leurs chefs insignes. Dans tous les cas, un trait semblable existe dans la vie de saint Martin de Tours qui était mort à Candes, sur la rive gauche de la Loire. Son biographe raconte que les Tourangeaux eurent à lutter contre les Poitevins pour s'emparer de son corps, et qu'ils ne réussirent qu'en profitant du sommeil de leurs rivaux[1].

Les emprunts faits à la vie de saint Martin de Tours sont tels qu'il est impossible de s'y méprendre. Étendu sur son lit, moribond, saint Martin de Tours, obsédé par le Diable, dit: «Qu'attends-tu là, bête cruelle? Rien en moi ne t'appartient, misérable[2].»

[1] Grégoire de Tours, *Historia Francorum*, lib. I, cap. XLIII.

[2] «Quid hic, inquit, adstas, cruenta bestia. Nihil in me funeste reperies.» *Lettre à Bassula*, p. 369, ed. Panckouke, t. I.

Et saint Martin de Vertou, au même moment critique, voit des nuées d'esprits malins qui viennent assiéger son lit. « Que faites-vous ici, légions des ténèbres ? s'écrie le saint ; retirez-vous, car jamais je ne partagerai votre damnation[1]. »

Le roman du passage à pied sec de la rivière de Sèvre comportait beaucoup de détails ; il fallait surtout que l'endroit du passage eût un nom spécial. Notre auteur l'a trouvé : c'est *Tarde*, et voici comment il l'explique[2]. Les religieux de Vertou, s'étant retournés après avoir effectué le passage miraculeux de la Sèvre, éprouvèrent le malin plaisir de jeter une ironique interrogation aux religieux de Montaigu qui les regardaient décontenancés sur la rive opposée.

« Pourquoi, dirent-ils, arrivez-vous si tard ? » Depuis ce temps, continue le légendaire, le lieu s'appelle *Tarde* ou *Attarde*.

Si non e vero, e bene trovato. C'est très bien trouvé ; seulement, il faudrait nous montrer sur les bords de la Sèvre, près d'un gué praticable, ce lieu dit *Tarde* ou quelque autre semblable...

Les rives de la Sèvre me sont connues d'une façon particulière, notamment le lieu de *Portillon* où la scène aurait pu se passer. Il y a là un gué solide qui était très praticable avant la création de la chaussée à moulin de Vertou, et dont les moines de Montaigu auraient pu se servir pour poursuivre leurs confrères. Il en est de même à la *Ramée*, vieux bac royal à la limite de Saint-Fiacre et de Vertou. Quand on vient de Montaigu à l'abbaye de Vertou, il est de toute nécessité de se servir de l'un ou l'autre de ces deux passages ; or ces deux points ont leur dénomination tirée du latin, qui par conséquent est fort ancienne et ne ressemble en rien au mot *Tarde*. C'est en vain que j'ai interrogé le cadastre et la tradition, les deux sources d'information m'ont répondu : *néant*.

Quand un miracle analogue à celui de la séparation des eaux de la mer Rouge se produit, ceux qui en sont témoins ne l'oublient pas facilement, et leur premier mouvement est d'élever une croix ou un monument commémoratif sur l'une ou l'autre rive. Le lieu devient sacré surtout quand le miracle profite à des religieux portant un corps saint. Comprend-on qu'au IXe siècle ou au Xe nos biographes n'aient plus trouvé trace de la tradition ou de l'édifice ?

[1] *Vita S. Martini* (Boll., octobre, t. X).

[2] La première vie porte *Ut tarde*, la seconde *Attarde*.

Le second, qui essaie toujours d'être plus explicite que son prédécesseur, se trouve très embarrassé quand il arrive à l'histoire de *Tarde*, et alors, pour ne pas rester court, il nous dit que ce village est près de la Loire et de Vertou[1]. Voilà, au lieu d'un éclaircissement, une complication, car nous sortons du pays traversé par les routes de Montaigu pour entrer dans le bassin de la Sèvre maritime où les moines fuyards se seraient bien gardés d'aller, de peur d'allonger singulièrement la route sans utilité. Savaient-ils qu'un miracle viendrait juste à point les sauver de la poursuite de leurs confrères?

Tarde ne peut pas être près de la Loire et près de Vertou en même temps, car il y a une distance de deux lieues entre ces deux points. Il était bien plus simple de nous dire qu'il était sur la rive gauche ou sur la rive droite, à tant de mille pas du bourg, si réellement il le connaissait comme il le dit. Les circonstances qu'il invoque à son aide pour nous inspirer confiance sont singulières, elles font sourire comme les contes préparés pour les enfants. Il est allé plus d'une fois, dit-il, dans ce lieu d'*Attarde*[2], où la séparation des eaux eut lieu; il y connaissait quelqu'un, un homme du nom d'Arnoulf, ancien serviteur de l'abbaye, qui était non moins extraordinaire que le miracle de la séparation des eaux, car, bien qu'il eût perdu les deux mains par suite de la cruauté des Normands, il trouvait le moyen d'être encore un chasseur intrépide de sangliers.

Laissons les deux passages de la Ramée et de Portillon et admettons que les fuyards se soient servis de la chaussée construite sous le prieuré de Saint-Pierre, dernier gué situé en aval pour rentrer chez eux : nous nous heurtons aux mêmes contradictions. La marée dans son va-et-vient livre souvent un chemin facile aux passants et supprime la nécessité d'un miracle; d'autre part, je ne vois comme noms de lieu que ceux du Chêne et de la Chaussée. De *Tarde* et d'*Attarde*, il n'y a pas la moindre apparence.

J'ai cherché sur les bords d'une autre rivière, dans la vallée de la Loire qui, elle aussi, a porté plus d'une fois la barque de notre saint, nous l'avons dit, en amont et en aval de Nantes, et, en compulsant les titres du prieuré de Saint-Hilaire-du-Tertre, j'ai trouvé

[1] «Locus prope Ligerim et Vertavum».

[2] «Locumque adhuc incolit qui Attarde dicitur ubi corpus viri Dei divisis transiit aquis». (*Acta sanctorum*, *ibid.*, p. 812.)

un domaine composé d'alluvions et d'écluses sur la Loire, qui est appelé, au XIe siècle, *Terdus*, et dont le vulgaire a fait *Tertre*, dans la paroisse de Lavau, là même où saint Martin a débarqué pour monter à Savenay[1].

Notre biographe a donc écrit d'après des documents authentiques dont il n'avait pas l'intelligence, loin des lieux dont il parlait, sans se douter qu'il falsifiait les nomenclatures; ou bien il faut supposer qu'il a voulu composer à tout prix une histoire piquante, ce qui n'est pas impossible.

Il est évident qu'il a une passion exagérée pour les jeux de mots. Donnez lui *Urseria Vallis*, il vous servira un ours changé en bête de somme pour avoir dévoré l'âne de deux voyageurs trop confiants; c'est un moyen ingénieux d'allonger une composition littéraire, mais encore faut-il que ce ne soit pas un plagiat.

Le continuateur de la vie de saint Martin était aussi dépourvu de livres et d'instruments de travail que son modèle; je n'en veux d'autre preuve que l'anachronisme qu'il commet en découpant cet épisode de la vie de saint Maximin, évêque de Trèves au IVe siècle, pour l'intercaler dans la vie de notre abbé de Vertou qui vivait deux siècles après. Il a une prédilection visible pour les récits imagés, pour les légendes inspirées, pour l'interprétation des noms de lieu, et cette faiblesse n'est pas sans lui obscurcir le jugement. Il est rapporté dans la vie de l'évêque de Trèves que ce prélat s'associa *à saint Martin* pour faire le voyage de Rome, sans autre qualificatif. En route, l'âne qui portait leurs bagages fut dévoré par un ours, mais les deux serviteurs de Dieu, sans s'émouvoir de cet accident, prirent l'ours à leur service et le condamnèrent à remplir le rôle de bête de somme[2]. Urzel, ville sur les bords du Rhin, se dit en latin *Urseria*, elle a été visitée sans doute par les deux voyageurs, et leur biographe facétieux a trouvé plaisant d'expliquer ainsi l'appellation latine d'Urzel[3]. Si le biographe de saint Martin

[1] «Terram que *Terdus* vocatur in parrochia de Vallis.» (*Cart. de Saint-Cyprien de Poitiers*, n° 592.)

[2] «S. Martino jungitur.» «Cumque ad eum locum ventum esset qui Urseria vallis dicitur.» (*Acta Sanctorum*, Maii, vol. VII, p. 21. Saint Maximin, saint honoré le 29 mai.)

[3] Cette légende de l'ours transformé en bête de somme a eu du succès dans la littérature pieuse. Dans la vie de saint Humbert (25 mars), il y a un cheval qui est aussi dévoré par un ours en allant à Rome, et qui est remplacé par la bête féroce.

de Vertou avait eu un dictionnaire semblable à nos répertoires modernes, il aurait vu qu'il existait, au IVe siècle, un évêque de Mayence appelé aussi Martin comme le fondateur de Vertou; il n'eût pas été surpris de voir deux prélats voisins s'engager ensemble sur la route de Rome, et sa biographie de l'abbé de Vertou aurait eu plus de crédit près de la postérité.

Sur les faits bretons, il n'est pas mieux informé que sur l'histoire ecclésiastique de la Gaule. Quand il rappelle l'attaque de Nantes par les Normands et le meurtre de l'évêque Gohard dans la cathédrale, il place ce fait sous la rubrique de l'année 864, lorsque cet événement considérable et retentissant est inscrit dans toutes les chroniques à l'année 843 [1]. C'est le même qui nous enseigne que la Vienne et la Loire séparent Nantes de Vertou. Bien que ce soit un lapsus, il est regrettable qu'un historien ait de pareilles distractions [2].

Il avait une opinion peu avantageuse de ceux qui le liraient, car il ne cherche pas même à les éblouir en citant un recueil officiel dont il connaissait l'existence. On se demande pourquoi il se targue de la connaissance du livre de l'archidiacre Séguin qui, dit-il, a composé un *livre des miracles* de saint Martin de Vertou [3]. Au lieu d'invoquer l'autorité de ce personnage officiel qui nous inspirerait toute confiance, il semble préférer le témoignage oral et très contestable de quelques particuliers comme le vicomte Rainaud qui, dit-il, lui a raconté beaucoup de miracles étonnants, et l'ancien serviteur de l'abbaye de Vertou, Arnoulf, *qui chassait sans le secours de ses mains* [4].

Quand un auteur est aussi peu difficile pour le choix de ses sources d'information, il est bien permis de se tenir sur ses gardes avant de le suivre même dans la voie qu'il devrait le mieux connaître. Il n'est pas une de ses assertions qui ne soulève des problèmes de chronologie. Ainsi, quand les moines de Vertou arrivent à

Dans la vie de saint Hervé (17 juin), dans celle de saint Malo (15 novembre), l'âne est remplacé par un loup.

[1] Dom Morice, *Preuves*, t. I, col. 3, 101, 149.

[2] *Acta Sanctorum*, octobre, x, p. 814.

[3] Il y a une charte du cartulaire de Redon de 819, relative à Derval, qui est rédigée par un *Siguinus scriptor*.

[4] «Vicecomes Rainaldus qui hæc et alia plurima de Martino stupenda narrat miracula.» (*Acta Sanctorum*, octobre, x, p. 811.)

Gennes-sur-Loire, avec le corps de leur abbé, pour le dérober aux profanations des Normands de 843, ils trouvent leur monastère d'Ansion occupé par des chanoines qui les empêchent de s'y établir, et ils sont obligés d'envoyer des ambassadeurs près du roi d'Aquitaine pour obtenir un acte de restitution. Suivant notre auteur, le diplôme de rétablissement aurait été concédé par Pépin II, ce qui est en désaccord avec les données de l'histoire du règne de Charles le Chauve, puisqu'il est avéré que ce prince se réserva, en 845, la domination de l'Aquitaine. Si l'on maintient le nom de Pépin, il faut ajourner le voyage et la démarche des moines jusqu'à l'année 864, époque où il a pu reprendre possession du Poitou, et supposer que l'étape de Vihiers a duré vingt et un ans. Cet exemple montre que la chronologie des auteurs du xe siècle n'est pas d'une lucidité parfaite.

Malgré toutes ses fautes et ses obscurités, le second biographe a un grand avantage sur le premier; il est réellement habitant de Vertou, du moins, il y a résidé longtemps, car en parlant des titres de l'abbaye, il dit *nos* documents. Il connaît une foule de détails, puisqu'il nous révèle la découverte du plomb enfoui par les moines au moment de la panique causée par l'apparition des Normands. Il connaît aussi très bien le monastère d'Ansion; il nous expose très clairement qu'il y a deux églises, l'une dédiée à saint Jean, au sommet du coteau, comme à Vertou, dit-il, l'autre élevée en l'honneur de saint Pierre, à l'orient. Voilà des détails précis qui nous dévoilent un habitant du pays bien renseigné. Le tableau qu'il a tracé des préparatifs de départ faits par les moines, pour emporter le corps de leur abbé dans le haut de la Loire, atteste qu'il a causé avec des témoins et que Vertou a été le lieu d'inhumation de son fondateur.

A quelle date a donc vécu le second biographe? Mabillon le place dans le xe siècle; cet avis paraîtra peut-être le meilleur, si on considère les erreurs qu'il commet en parlant des événements du IXe, ce qui n'arriverait pas s'il avait été plus vieux. La reconstruction de Vertou, incendié par les Normands, n'eut lieu qu'en 985, dit la *Gallia christiana*, avec le concours des religieux d'Ansion. Selon toute vraisemblance, c'est en creusant les nouvelles fondations de cet édifice qu'on fit la découverte du plomb caché dont il parle dans la translation.

Les auteurs de l'*Histoire littéraire* le croient plus âgé par ce fait qu'il aurait connu le nommé Arnulf cruellement mutilé par des Normands [1]. La déduction serait concluante s'il était avéré que les barbares ne sont pas venus ravager le pays nantais après 900, mais il est prouvé, au contraire, que, sous l'épiscopat de Gautier, vers 960, les Normands vinrent encore répandre la terreur dans Nantes et les alentours [2].

La troisième vie de saint Martin, publiée par les Bénédictins dans la collection relative à leur ordre [3], est empruntée à un manuscrit de l'abbaye de Vertou et à un autre de l'abbaye de Compiègne de la même main; c'est encore une composition faite d'après les procédés du second biographe. Il suit pas à pas la narration du premier, en se bornant le plus souvent à changer les expressions prosaïques en termes poétiques, ou en modifiant la coupure des phrases, mais quand l'événement comporte des développements oratoires, il ne garde plus de mesure et gonfle son style avec une emphase presque ridicule. Le premier auteur s'était contenté de relater que saint Martin, après la catastrophe d'Herbauge, s'était retiré dans la solitude et y menait une vie très frugale; il est vrai que, par compensation, le ciel convertissait en excellent vin toutes les eaux des fontaines qu'il abordait pour se désaltérer. Celui-ci renchérit encore sur ce don des miracles déjà singulièrement stupéfiant en nous représentant notre saint comme un juif-errant qui parcourt le monde en faisant jaillir de tous côtés, dans les déserts et dans les terres cultivées, en frappant le sol de son bâton, des fontaines curatives ou rafraîchissantes, ou bâtit des ponts sur les cours d'eau et les torrents dans tous les pays occidentaux. Puis il s'écrie dans son enthousiasme :

« Quel est le coin de l'Univers, si reculé qu'il soit, qui n'ait entendu parler des bienfaits de ce grand et glorieux saint Martin, dont le nom ne doit être prononcé qu'avec le plus grand respect [4]? »

[1] *Histoire littéraire de la France*, t. V.

[2] *Chronicon Briocense*. (Dom Morice, *Hist. de Bret.*, *preuves*, col. 30.)

[3] *Acta Sanctorum ord. S. Ben.*

[4] « Quis locus sane est in terrarum orbe tam procul positus et abditus qui beneficia istius gloriosissimi et cum honore nominandi Martini non percepit? » (*Acta Sanctorum ord. S. Ben.*, t. I, p. 373.) Dom Lobineau révoque en doute tous les voyages attribués à saint Martin de Vertou.

N'est-ce pas le cas de dire que quand on veut trop prouver, on ne prouve rien? ou avec La Fontaine disons :

Rien n'est si dangereux qu'un ignorant ami,
Mieux vaudrait un sage ennemi[1].

N'eût-il pas mieux valu nous citer quelques-unes de ses œuvres, par exemple la construction du *pont Saint-Martin* sur l'Ognon, celle du *pont de Vertou* sur la Vertonne près d'Olonne, ou celle du *pont de Louan?* La tradition nous a conservé sur ce dernier une fable qui, par sa naïveté, se présente comme l'écho seulement dénaturé d'un fait historique.

Après tous les retranchements à opérer dans nos trois biographes, que va-t-il rester de substantiel et d'inattaquable dans leur récit? Des détails encore très importants que je résume ainsi[2] :

Saint Martin est né à Nantes, il a été ordonné diacre par saint Félix, qui l'a investi en même temps d'une sorte de surintendance spirituelle dans son diocèse, et lui a confié la mission d'évangéliser la contrée la plus peuplée d'infidèles. Il crut qu'il y parviendrait plus sûrement en propageant le goût de la vie cloîtrée, et fonda de nombreux monastères d'hommes et de femmes. Ses principales fondations sont Vertou et S. G. de Montaigu, j'ajoute même le monastère d'Ansion que certains auteurs font remonter jusqu'à saint Jouin. Si celui-ci a jeté les fondements d'une institution, il est non moins certain qu'elle périclitait, puisqu'il fallut recourir à la méthode de Vertou, nous l'avons vu, pour la relever. Là encore, notre saint Martin a été un rénovateur du feu allumé par saint Hilaire et ses auxiliaires.

[1] Livre VIII, fable x. — Paulin de Périgueux avait dit avant lui de saint Martin de Tours :

Quas terræ pontique vias non nominis hujus
Gloria pernici penetravit concita saltu?

(*Vita S. Martini*, éd. Panckouke, p. 198.)

[2] La vie de saint Martin de Vertou, conservée à Chartres dans un manuscrit du XIIIe ou du XIVe siècle, n'est pas plus instructive que les autres. C'est encore un morceau littéraire. (Bibl. municipale, n° 501, p. 265-266.)

IMPRIMERIE NATIONALE. — Décembre 1896.

DU MÊME AUTEUR :

GÉOGRAPHIE HISTORIQUE ET DESCRIPTIVE

DE LA LOIRE-INFÉRIEURE

Ier VOLUME

LES VILLES DISPARUES DES NAMNÈTES

RIVE DROITE DE LA LOIRE

Prix .... 7 fr. 50

2e VOLUME

LES VILLES DES PICTONS

1re livraison : *Rezé ou Raciate*.............................. 1 franc.

2e livraison : *Le Lac de Grand-Lieu*.......................... 1 »

www.ingramcontent.com/pod-product-compliance
Ingram Content Group UK Ltd.
Pitfield, Milton Keynes, MK11 3LW, UK
UKHW021004200726
13857UKWH00004B/1263